BASTEI
LÜBBE

Rosalin

Eine Frau, geboren im OP

BASTEI LÜBBE

BASTEI-LÜBBE-TASCHENBUCH
Band 61393

Lizenzausgabe im Bastei-Verlag
Gustav H. Lübbe GmbH & Co., Bergisch Gladbach
Printed in Great Britain, Juni 1997
Einbandgestaltung: Manfred Peters
Titelfoto: Image Bank
Satz: KCS, Buchholz
Druck und Bindung: Cox & Wyman, Ltd.
ISBN 3-404-61393-7

Der Preis dieses Bandes versteht sich einschließlich
der gesetzlichen Mehrwertsteuer.

ERSTER TEIL

In den letzten Tagen vor meiner Geburt war meine Mutter der festen Überzeugung, ein Mädchen zu bekommen. Am 29. Juni 1948, nachmittags kurz vor drei Uhr, erblickte ich das Licht der Welt im Frauenspital von Bern. Mein Geschrei war nicht zu überhören. Ihre Therese, auf die sich meine Mutter neun Monate lang gefreut hatte, war ein Junge geworden. Meine Eltern hatten zuerst noch gar keinen Namen für mich. Mein drei Jahre älterer Bruder hingegen freute sich sehr, daß ich kein Mädchen war.

Als wir dann älter wurden, stellte sich immer mehr heraus, daß wir keine gemeinsamen Interessen hatten. Ich war lieber allein in meinem Zimmer und spielte mit Puppen. Mein Bruder war sehr enttäuscht. Wir wurden keine Freunde, und je älter wir wurden, desto häufiger gab es Streit zwischen uns. Dabei war immer ich derjenige, der die Schläge einstecken mußte.

Mit sieben Jahren kam ich in die Schule. Ich war zu einem schwächlichen Jungen herangewachsen. Meine Interessen galten anderen Dingen, als von mir erwartet wurde. Ich konnte mich einfach nicht glücklich fühlen als Junge. Wenn immer möglich, zog ich Mutters Kleider an und verbrachte so ganze Nachmittage. Manchmal, wenn auch mein Bruder nicht zu Hause war, wagte ich sogar, mein Gesicht zu schminken. Natürlich sah ich dann aus wie ein Fastnachtsclown. Erwischt wurde ich nie dabei.

Bereits mit zehn Jahren spürte ich, daß ich anders war als die anderen Jungen. Ich sah mir in den Zeitungen die männlichen Fotomodelle an. Die gefielen mir, aber nicht der Kleider wegen. Warum das so war, wußte ich selbst nicht. Von den anderen Kindern wurde ich oft gehänselt. Manchmal lauerten mir ältere Kinder nach der Schule auf und erschreckten mich oder bespritzten mich aus einer Wasserpistole. Ich lief oft nach Hause und weinte mich bei meiner Mutter aus. Sie sagte mir immer wieder, ich müsse mich zur Wehr setzen.

Aber meine Angst war stärker als ich. In unserer Straße wohnte eine Familie mit zwei kleinen Jungen. Sooft ich konnte und durfte, ging ich mit ihnen spazieren. Sie mochten mich, denn ich ging mit ihnen in den Tierpark oder durch das Schwellenmätteli zum Bärengraben. Dort erstand ich Karotten, damit wir die Bären tanzen lassen konnten. Den beiden Kleinen und auch mir machte das großen Spaß. Ich fühlte mich groß, beinahe erwachsen. Ja ich kam mir so vor, als sei ich ihre Kinderschwester. Wenn wir dann zurück in unsere Straße kamen, waren die älteren Jungen unter großem Geschrei beim Fußballspielen. Auch mein Bruder war oft dabei. Er trainierte sogar in einem Klub. Wenn ich mit den beiden Kleinen an der Horde vorbeistolzierte, foppten sie mich – ich schenkte ihnen keine Beachtung. Am liebsten spielte ich mit Mädchen, da ging es weniger roh zu und her. Wir tauschten Märchenbilder oder solche mit Blumen aus. Die Bilder mit Glimmer gefielen mir besonders gut, nur mußte man dafür drei andere hergeben. Mit zwei Schwestern spielte ich oft

Krankenhaus. Sie besaßen eine richtige Uniform. Ich war meistens der Patient. Sie fütterten mir Müsli oder andere Leckerbissen. Dann cremten sie mir den Rücken ein, und ich durfte eins ihrer Nachthemden anziehen. Danach mußte ich mich hinlegen, und sie deckten mich zu. Eines dieser Mädchen wurde später Schauspielerin und spielte die Hauptrolle in einem Schweizer Heimatfilm. Ich war natürlich stolz darauf, sie schon als kleines Mädchen gekannt und mit ihr gespielt zu haben.

In der Schule war ich nicht besonders gut, und ich ging nicht gern hin. Die älteren Jungen begannen, Bemerkungen zu machen, ich sei bestimmt ein Schwuler. Ich wurde wütend und zugleich traurig. Dabei wußte ich nicht einmal genau, was dieses Wort bedeutete, aber bestimmt nichts Gutes. Sie sagten, ich solle doch auf die Bundesterrasse gehen, wo ich hingehöre. An einem freien Nachmittag ging ich dann einmal hin. Ich konnte jedoch nichts entdecken, was irgendwie mit mir zu tun gehabt hätte.

In dem Sommer, als ich vierzehn Jahre alt wurde, sollte sich einiges ändern. Wie immer am Sonntag, wenn die Sonne schien, gingen wir mit den Eltern ins Schwimmbad. Das Marzilibad war unterteilt in eine Frauen- und eine Männeranlage, außerdem gab's da das Paradiesli. Dort durften die Frauen ohne Badeanzug sonnenbaden. Man gelangte jedoch von allen Anlagen in die Aare. Man konnte den Fluß entlang hinaufspazieren und sich danach im Wasser wieder bis ins Schwimmbad treiben lassen. An den halbnackten Männerkörpern konnte ich mich nicht satt sehen. Ich wünschte mir immer mehr, mit einem Mann zusammenzusein. Am begehrenswertesten erschienen mir Männer mit behaarter Brust – das Gegenteil von mir, der ich sehr schlank und eher schmächtig war. Doch ich gefiel mir so. An jenem Sonntag lag ein Mann in meiner Nähe, zu dem ich dauernd hinsehen mußte. Ich merkte, daß auch er zu mir sah, und wurde verlegen. Ich fühlte mich wie ein Mädchen, das zum ersten Mal Aufmerksamkeit erregt. Er bemerkte meine Unsicherheit und lächelte mir zu. Ich fing an, mit ihm zu scherzen, schnitt Grimassen, bis er lachen mußte. Meine Eltern merkten nichts davon. Ich lag etwas abseits von ihnen. Nach einer Weile stand ich auf und schlenderte entlang dem Aare-Ufer in der Hoffnung, er würde mir folgen. Bei einer Brücke gab es einen Brunnen mit zwei wasserspeienden Fröschen. Ich nahm einen Schluck und sah aus dem Augenwinkel, daß er mir tatsächlich gefolgt war und bereits in der Nähe wartete. Ich lachte ihn wieder an, doch mein Herz klopfte so laut, daß ich glaubte, die Leute müßten es hören können. Ich ging weiter, hoffte, er würde mir auch diesmal folgen. Was sollte ich ihm nur sagen, wenn er mich ansprechen würde? Ich hatte keine Ahnung, ich war ja noch ein Kind. Kurz darauf zweigte ein Weg in den Wald ab. Ich bog ein. Unter den Bäumen war es angenehm kühl. Der Weg wurde immer schmaler, der Wald dichter, und ich spürte, daß etwas in der Luft lag. Der Mann folgte mir, ich hatte keine Angst. Ich suchte mir einen geeigneten Platz, um mich auszuruhen und auf ihn zu warten. Kurz darauf setzte er sich schweigend neben mich. Ich lag ausgestreckt auf dem Boden, mein Herz klopfte wie wild. Dann brach er das Schweigen. Seine Stimme war tief und angenehm: »Hallo, ich heiße Willy.« Ich nannte ihm meinen Namen. Verwirrt schoß es mir durch den Kopf, daß einem Mädchen bestimmt ebenso zumute war, wenn es das erste Mal allein mit einem Mann war. Plötzlich spürte ich seine Hand auf meiner Brust. Das wirkte sehr beruhigend. »Entspanne dich, ich will dir nicht weh tun«, flüsterte Willy und begann mich zu streicheln. Ich merkte, wie ich erregt wurde. Er zog mir sanft die Badehose aus und fing an, meinen ganzen Körper zu liebkosen und zu küssen – es war sehr schön. Auch er lag nun nackt neben mir, und ich blickte auf seinen kräftig gebauten Körper. Er legte seinen Arm unter meinen Kopf, und ich bekam meinen ersten Zungenkuß. Das gefiel mir nicht besonders, aber ich ließ ihn gewähren. Bald erwiderte ich seine Liebkosungen. Er führte mich in eine Liebe ein, die mich die nächsten Jahre prägen sollte. Ich verlor alle Hemmungen. Alles, was er mir zeigte, machte ich auch. Als es vorbei war, lagen wir still nebeneinander und hielten uns an der Hand. Ich wußte nicht, wieviel Zeit verstrichen war. Willy war einundzwanzig. Plötzlich bekam ich Angst. Ich war ja schon lange aus dem Bad weg. Meine Eltern würden mich bestimmt vermissen. Willy beruhigte mich und meinte, mir würde bestimmt eine gute Ausrede einfallen. Ich hatte jedoch keine Ruhe mehr. Hastig zog ich meine Badehose an und lief, so schnell ich konnte, den Weg zurück an die Aare. Dort sprang ich ins Wasser. Zum Glück war ich ein geübter Schwimmer. Ich ließ mich hinuntertreiben – die Abkühlung tat gut. Meine Eltern suchten mich überall und hatten sogar den Bademeister alarmiert. Sie waren sehr aufgebracht, schließlich gab es immer wieder Badeunfälle. Es setzte eine Ohrfeige und eine Litanei von Vorwürfen ab. Da mir eine gute Ausrede eingefallen war, ich sei am Aare-Ufer eingeschlafen, konnte ich meine Eltern beschwichtigen. Ich hatte jedoch ein schlechtes Gewissen und fürchtete, man könne mir ansehen, was vorgefallen war. Ich ging dann zum Kiosk, um mir einen Schokodrink zu kaufen, ich hatte großen Durst. Als ich zurückkam, war Willy auch wieder da. Ich blickte verstohlen zu ihm hinüber, doch er reagierte nicht. Wahrscheinlich hatte er die Szene mit meinen Eltern mitbekommen und hatte jetzt Angst, denn er wußte ja, daß ich noch minderjährig war. Ich hätte ihn nie verraten – es war das erste große Geheimnis in meinem Leben. Meine Sexualität war geweckt. Mein Verlangen, einen Mann zu lieben, war so groß, daß es mir egal war, auf welche Weise ich dazu kam.

Ganz in der Nähe wohnte ein älterer Junge mit seinen Eltern und einer Schwester. Er wollte mich nach der Schule treffen und wartete auf dem Schulhof auf mich. Ich sollte ihn nach Hause begleiten und ihm helfen, sein Fahrrad zu reinigen, dafür hatte er mir ein Eis versprochen. Ich ging gern mit. Als das Fahrrad sauber war, gingen wir in die Wohnung hinauf. Seine Eltern waren nicht zu Hause. Sie waren beide berufstätig. Zuerst sprachen wir über alles mögliche, über die Schule und über einen doofen Lehrer. Plötzlich fragte er mich, ob ich es mir auch schon gemacht hätte. Ich lief rot an, und er sah mich fragend an. Verlegen, von einem Bein auf das andere tretend, sagte ich leise: »Eigentlich noch nicht so richtig.« Auf keinen Fall wollte ich ihm mein Geheimnis verraten. Trotzdem war ich neugierig. Er fragte mich, ob ich Lust hätte, es mit ihm zu tun, und ich nickte bloß mit dem Kopf. Darauf führte er mich in sein Zimmer, wo wir uns auszogen. Im ersten Moment erschrak ich bei seinem Anblick, sein Glied war sehr groß. In meiner Unerfahrenheit wußte ich nicht, daß nicht alle Männer gleich gebaut sind. Er fummelte an mir herum und ich an ihm, und alles kam mir irgendwie dumm vor. Plötzlich stöhnte er laut auf und ergoß sich auf seinen Bauch. Bei mir funktionierte gar nichts, ich war viel zu nervös und fürchtete, seine Eltern könnten plötzlich nach Hause kommen und uns erwischen. Nicht auszudenken, was dann passiert wäre. Wenig später stand er auf und ging ins Badezimmer. Als er zurückkam, bat er mich zu gehen. Erleichtert sammelte ich meine Kleider ein, zog mich an und verließ die Wohnung. Traurig schlich ich das Treppenhaus hinunter. Das Ganze hatte mir überhaupt nicht gefallen. Ich fühlte mich elend und billig. Trotzdem besuchte ich ihn in der Folge noch oft. Ich brauchte und suchte die Zuneigung eines jungen Mannes. In Gedanken war ich ein Mädchen, das sich ihm hingab. Doch so wie mit Willy konnte es mit ihm nie werden. Als ich wieder einmal zu ihm kam, war noch ein anderer Junge dort. Ich war völlig überrumpelt. Zu dritt war es jedoch nicht schöner – es war reiner Sex.

Bei mir zu Hause hatte ich mir im Estrich eine gemütliche Ecke eingerichtet. Dort konnte ich mich ungestört meinen Träumereien hingeben. Eines Tages fragte mich jener andere Junge, ob er mein Reich einmal sehen dürfe. Ich nahm ihn mit in das Versteck, von dem niemand etwas wußte, nicht einmal meine Eltern. Es war sehr gemütlich. Es gab zwei Matratzen, einen Sessel, verschiedene Süßigkeiten – alles bei Kerzenlicht. Ihm gefiel meine kleine Welt. Er überraschte mich sehr. Er war ganz anders, als ich geglaubt hatte. Lange Zeit hatte ich ihn nämlich nicht ausstehen können. Vielleicht, weil er rote Haare hatte. Deswegen wurde er dauernd ausgelacht, sie nannten ihn einen rothaarigen Waldaffen. Als er nun so bei mir war, bekam ich großes Mitleid mit ihm, denn er war ein netter Kerl. Er war anders zu mir, als ich es erwartet hätte, irgendwie gefühlvoller, fand ich. Als er anfing, mich zu streicheln, genoß ich es sehr und sog seine Zärtlichkeiten auf wie ein Schwamm. Er liebte mich noch ein bißchen unerfahren. Aber es war sehr schön. Nun traf ich mich nur noch mit ihm. Mein Versteck unter dem Dach wurde unser Liebesnest und unser Geheimnis.

Als er aus der Schule kam, brach er die Beziehung zu mir ab. Bald darauf sah ich ihn mit einem Mädchen. Das stimmte mich sehr traurig. Warum konnte ich nicht jenes Mädchen sein? Mich quälte die Eifersucht. Danach verkroch ich mich oft in mein Versteck und dachte über die Zeit mit ihm nach. Ich wußte jedoch, es würde nie mehr so sein wie früher. Ich fühlte mich sehr einsam. Wenn wir uns zufällig begegneten, grüßte er mich immer. Einmal kam er gerade hinzu, als ein anderer Junge mich verprügeln wollte. Er verpaßte ihm eine Ohrfeige und drohte ihm, falls er mich nicht in Ruhe ließe. Für mich war sein Verhalten ein Zeichen dafür, daß er unsere Beziehung nicht vergessen hatte. Ich verstand nun auch ihn – er wollte nicht als schwul gelten. Er war es auch nicht. Ein Jahr später ging ich auf die Bundesterrasse. Es war ein warmer Augustabend. Inzwischen hatte ich mehr darüber erfahren, was dort vor sich ging. Ich wußte, daß es ein Männertreffpunkt war. Da ich wieder einmal mit einem Mann zusammensein wollte, sah ich keine andere Möglichkeit. Ich machte mir keine falschen Hoffnungen. Ich dachte mir, besser als gar nichts. Jüngere und ältere Männer schlenderten über die Terrasse und musterten einander im Vorbeigehen. Mir war es etwas peinlich. Weiter vorn hörte ich eine Gruppe Mädchen kreischen. Langsam ging ich näher und sah verblüfft, daß es Männer waren – einige von ihnen geschminkt wie Frauen. Plötzlich drehte sich einer um, erblickte mich und schrie: »Oh, eine neue Tunte ist im Revier.« Am liebsten wäre ich in den Boden versunken vor Scham. Vor Schreck rannte ich weg und hörte sie hinter mir herprusten und lachen. Außer Atem kam ich zu Hause an. Meine Eltern waren noch nicht da. Sie waren zu Besuch bei Freunden. Ich ging in mein Schlafzimmer und stellte mich vor den Spiegel. Was ich sah, erschreckte mich. Mein Spiegelbild zeigte eine schreckliche Ähnlichkeit mit diesen Männern. Sie hatten mir Tunte nachgerufen. Ich war wieder um eine Erfahrung reicher.

Plötzlich vernahm ich die Stimme meines Bruders. »Stehst du schon wieder vor dem Spiegel?« Ja, er hatte recht, ich tat dies allzuoft. Traurig und einsam legte ich mich ins Bett und hörte, wie auch mein Bruder bald schlafen ging. Früher hatte ich mich oft mit meinem Bruder gestritten. Als er mich wieder einmal so richtig auf die Palme gebracht hatte, riß ich einen Kleiderhaken von der Wand und schleuderte ihn durchs Zimmer. Dabei traf ich meinen Bruder am Arm. Er schrie laut auf, sein Arm war gebrochen, und ich wurde von meinem Vater zu einer Woche Hausarrest verdonnert, was mir aber nichts weiter ausmachte. Mein Bruder rührte mich nie mehr an. Als sein Arm geheilt war, turnte er einmal draußen auf einer Mauer herum, die mit spitzen Eisenpfählen verziert war. Unvorsichtigerweise rutschte er aus, und eine der Eisenspitzen bohrte sich durch die Hose in seine Hoden. Zum Glück konnte er sein Gewicht mit den Händen etwas abstützen. Er schrie wie am Spieß. Mein Vater, der in der Küche gewesen war, hörte sein Geschrei und stürzte hinaus. Als er sah, was los war, hob er meinen Bruder ganz vorsichtig hoch. Meine Mutter rief sofort die Ambulanz. Die kamen mit Sirenengeheul angebraust, legten meinen Bruder auf eine

Bahre und fuhren ebensoschnell wieder mit ihm davon. Mein Vater begleitete ihn. Als er ein paar Stunden später wieder nach Hause kam, war er völlig ruhig. Er wußte, wenn er nicht zu Hause gewesen wäre, wäre mein Bruder vielleicht nicht mehr am Leben.

Etwa einen Monat später war meine Neugier doch wieder stärker als ich. Mein Verlangen führte mich erneut auf die Bundesterrasse. Meine Eltern waren nicht zu Hause, ich mußte mich also nicht beeilen. Diesmal hatte ich mehr Glück. Es waren keine kreischenden Männer dort.

Ich schlenderte etwas herum, bis ich merkte, daß mir ein älterer Herr folgte. Ich setzte mich auf eine Bank, die etwas abseits im Dunkeln stand. Er setzte sich neben mich und sprach mich an: »Na, so ganz allein, junger Mann?« Einem verschämten Lächeln von mir folgte eine verlegene Pause. Er schlug mir vor, an der Milchbar etwas trinken zu gehen. Ich nickte nur, erhob mich und ging mit ihm Richtung Milchbar. Er fragte mich nach meinem Alter. Ich antwortete keck: »Siebzehn.« Es war mir völlig egal, ob er mir glaubte. Wir redeten kaum miteinander – mir fiel auch gar nichts ein. Als wir ausgetrunken hatten, gingen wir wieder ins Dunkle und setzten uns auf eine Bank. Es dauerte nicht lange, bis er mich zu betasten begann, während er es sich selbst besorgte. Ich ließ ihn gewähren. Als er fertig war, gab er mir zwanzig Franken. Überrascht nahm ich das Geld und steckte es ein. Da er mich um ein Wiedersehen bat, trafen wir uns in der Folge jede Woche. So verdiente ich ein Taschengeld, das mir meine Eltern ohnehin nie geben konnten. Ich hatte nun genügend Geld, aber ich war sehr sparsam. Ich versteckte das Geld in meinem geheimen kleinen Reich unter dem Dach. Manchmal ging ich ins Kino, am liebsten sah ich

Filme mit Romy Schneider, *Sissi* oder *Angélique*, einfach Liebesfilme, die mochte ich sehr. Bei traurigen Szenen konnte ich mit weinen. Manchmal war ich so verheult, wenn der Film zu Ende war, daß ich mich schämte, wenn das Licht anging.

Eines Abends, als ich wieder einmal auf der berüchtigten Terrasse auf und ab spazierte, sprachen mich drei Ausländer an. Tunesier oder Marokkaner könnten es gewesen sein. Sie luden mich zu einer Spritztour in ihrem Auto ein. Ohne mir irgendwelche Gedanken zu machen, stieg ich in ihr Auto. Sie waren guter Dinge und lachten fröhlich, und ich bemerkte zuerst gar nicht, wie weit wir schon aus der Stadt gefahren waren. Im Bremgartenwald war Endstation. Sie ließen mich aussteigen. Sie folgten mir, und einer befahl mir, mich auszuziehen. »Wozu denn?« wollte ich wissen. Ohne zu antworten, schlug er mir hart ins Gesicht. Ich erschrak furchtbar und bekam solche Angst, daß ich am ganzen Körper zitterte und mich auszog. Nun befahl er mir, mich umzudrehen, und was dann folgte, war das Schlimmste, was ich in meinem Leben je erlebt habe – er vergewaltigte mich. Da er mir den Mund zuhielt, konnte ich nicht einmal schreien. Es war, als ob er mich aufreißen würde, und es tat unwahrscheinlich weh. Die andern beiden fielen anschließend ebenfalls über mich her. Es kam mir vor wie eine Ewigkeit. Die Tränen liefen mir übers Gesicht. Als sie endlich fertig waren, wollten sie mich einfach im Wald zurücklassen. Doch ich bettelte, sie sollten mich doch wieder in die Stadt zurück mitnehmen. Ich war so verzweifelt, ich wußte nicht, wie ich sonst nach Hause gekommen wäre. Schließlich nahmen sie mich mit und ließen mich beim Münsterplatz aussteigen.

Schluchzend stieg ich die Treppe zu der Gasse, in der ich wohnte, hinunter. Mir war speiübel. Meine Eltern saßen vor dem Fernseher. Sie hatten nichts mitbekommen, und ich verschwand sofort im Badezimmer und kühlte mein Gesicht mit Wasser. Danach zog ich mich aus, ich mußte den Schmutz loswerden. Meine Unterhose war ganz blutig und verschmutzt. Ich ließ sie verschwinden. Mir ekelte vor mir selbst, doch ich konnte meinen Eltern nicht erzählen, was passiert war. Dieses Erlebnis werde ich nie mehr vergessen. Die körperlichen Wunden heilten bald einmal, doch die seelischen nicht. Ich haßte meine Vergewaltiger und wünschte ihnen die Pest an den Hals. Wie konnten sie einem jungen Menschen so etwas antun?

In dieser Zeit hatten meine Eltern heftige Auseinandersetzungen. Sie arbeiteten viel zu viel und hatten kaum Zeit füreinander. Am Wochenende arbeiteten sie noch in der Badeanstalt Weiermannshaus-See. Dort lernte mein Vater eine Frau kennen. Zuerst konnte er es verheimlichen, doch bald merkten auch mein Bruder und ich, daß etwas mit unseren Eltern nicht mehr stimmte. Eines Tages sah ich meinen Vater mit dieser Frau in der Stadt. Ich erschrak und wußte nicht, was ich tun sollte. Sollte ich meiner Mutter davon erzählen oder lieber den Mund halten? Ich liebte beide und wollte beide nicht verletzen. Nach einer Schikane von meinem Vater rächte ich mich und erzählte meiner Mutter, Vater habe eine andere Frau. Das führte natürlich zu einem Riesenkrach zwischen meinen Eltern. Ich war sehr unglücklich, denn ich liebte meinen Vater trotz allem. Er verließ die Wohnung und ließ die Tür hinter sich ins Schloß krachen. Nun begannen meine Mutter und ich, hinter ihm her zu spionieren, und fanden sehr bald heraus, wer diese Frau war. Eines Abends, als sich mein Vater feingemacht hatte zum Ausgehen, schlichen wir ihm hinterher. Am Bahnhofsplatz traf er sich mit ihr. Meine Mutter rastete völlig aus. Sie schrie die beiden an, es war grauenhaft. Die Leute blieben stehen und sahen meinen Vater an wie einen Schwerverbrecher. Ich stand ein wenig abseits und heulte elendiglich. Als die Straßenbahn kam und mein Vater mit der Frau einstieg, wußte ich, daß er uns verlassen würde. Meine Mutter beantragte eine Trennung. Am Tag, als Vater wegging, war für mich nichts mehr in Ordnung. Er versuchte mich zu trösten und versprach, immer für mich dazusein. Er hielt Wort. Jedes zweite Wochenende verbrachte er bei uns und unternahm etwas mit mir und meinem Bruder. Er erklärte mir, daß sich Eltern auseinanderleben könnten. Für mich war dies nicht einfach zu verstehen, ich konnte meine Probleme auch nicht einfach wegschieben. Ein halbes Jahr später waren meine Eltern geschieden. Meine Mutter mußte jetzt noch mehr arbeiten, denn Vater konnte nicht viel zu unserem Lebensunterhalt beisteuern. Meine Liebe zu ihm blieb jedoch unerschütterlich.

Marcel wohnte in derselben Gasse wie ich. Wir verstanden uns gut. Er war ein völliger Mofa-Fan. Eines Abends nahm er mich mit auf »Klau-Tour«. Wir stahlen zwei Mofas, mit denen wir eine Spritztour unternahmen. Es war sehr aufregend, und ich machte mir keine großen Gedanken über eventuelle Folgen. Nach ein paar weiteren Klau-Touren wurden wir von der Polizei erwischt. Es gab ein Verfahren, doch, da wir beide minderjährig waren, keine schlimmen Strafen. Trotzdem mußte mein Freund für ein paar Jahre zu einem Bauer als Verdingbub, und ich bekam für zwei Jahre einen Beistand. Ich mußte immer wieder an ihn denken und fragte mich oft, was wohl aus ihm geworden war. Irgendwann würde ich bestimmt wieder einmal von ihm hören.

Mit sechzehn Jahren wurde ich konfirmiert. Ich war froh, endlich die ungeliebte Schule verlassen zu können, und begann eine Lehre in einem Friseurgeschäft. Damen- und Herrenfriseur wollte ich werden. Ich begriff sehr schnell, worauf es ankam. Ich träumte noch immer davon, ein Mädchen zu sein. Im Damensalon konnte ich mir von der Lehrtochter Frisuren machen lassen, hochtoupiert fand ich besonders schick. Wenn ich dann so frisiert im Herrensalon erschien, lachten mich natürlich alle aus. Mein Lehrmeister befahl mir, meine Haare sofort wieder »anständig« zu frisieren, was mich jedesmal stocksauer machte. Bald einmal merkte ich, daß mich das Damenfach viel mehr interessierte. Die Schnittechnik bei den Herren war zwar ausgefeilter, doch das war auch alles. Meine Fantasie konnte ich nur bei Damenfrisuren ausleben. Irgendwann fand ich den Mut, meine Haare zu färben, fast jeden Monat in einem anderen Farbton, und die männliche Kundschaft machte sich lustig über mich. Immer wieder hieß es »Schwuler«. Aber ich war bestimmt kein gewöhnlicher Schwuler, sonst hätte ich mich ja wohler gefühlt in meiner Haut. Aber was für eine Alternative hatte ich schon – auf Liebe wollte ich nicht verzichten, und ein Heteromann hätte nicht mit mir geschlafen. Meine einzige Chance waren sehr männliche Homos.

Nach zwei Jahren Lehrzeit war es für mich unerträglich geworden im Geschäft, ich hatte ständig Auseinandersetzungen mit meinem Chef. Nach einem Riesenkrach war es dann soweit, daß ich meine Sachen packte und ging. Ich rief meinen Vater an und teilte ihm mit, daß ich meine Lehre abgebrochen hätte. Die Beziehung zu meinem Vater war im Laufe der Jahre immer enger geworden. Ich konnte mit allen Problemen zu ihm gehen. Er hatte immer ein offenes Ohr für mich. Ihm vertraute ich als erstem an, daß ich Probleme mit meinem Sexualleben hatte. Er suchte mit mir einen Psychiater auf, und ich mußte mehrere Tests machen. Der Arzt fand jedoch nicht heraus, wo er mich einstufen sollte. Mein Vater akzeptierte mich so, wie ich war, und verstieß mich nicht. Ich mußte ihm allerdings versprechen, daß ich, wenn ich einen Freund hätte, ihm diesen vorstellen würde. Meine Mutter hatte weniger Verständnis. Sie wollte es einfach nicht glauben, und wir hatten schwere Auseinandersetzungen deswegen. Als ich dann auch noch meine Lehre abbrach, war endgültig Funkstille zwischen uns. Ich zog zu meinem Vater und dessen zweiter Frau. Für meine Mutter und mich war dies die beste Lösung. Die Spannungen zwischen uns waren einfach zu groß.

Einen Monat später setzte ich meine Lehre als Damenfriseur fort. Am Eigerplatz gab es eine Fachschule. Mein Vater zahlte mir das Schulgeld. Er bezahlte jedoch nur den Betrag, den ich ihm genannt hatte. Ich wußte, daß er nicht in der Lage gewesen wäre, mir die gesamten Kosten zu bezahlen. Es war etwa die Hälfte, doch mein Vater glaubte, die ganze Ausbildung zu finanzieren. Den Rest wollte ich mir auf der Bundesterrasse als Strichjunge verdienen.

In der Fachschule gefiel es mir sehr gut. Die Lehrer waren freundlich, und niemand beleidigte mich. Ich war in den Besitzer der Schule verknallt. Wenn er kam, konnte ich mich nicht an ihm satt sehen. Wenn er neben mir stehenblieb, wurde ich sehr nervös. Es blieb jedoch beim Verliebtsein.

Eine Arbeit, die ich nicht leiden konnte, war, am Modellkopf Wasserwellen zu drücken. Dazu durfte man keine Klammern verwenden. Ich hatte mehr Flair fürs Künstlerische: neue Frisuren, Farben und Schnitte, ja mit Farbmischungen brachte ich die tollsten Farben auf die Haare.

Eines Tages rief mich meine Mutter in der Schule an. Sie wollte mich sehen. Wir verabredeten uns für den Abend zum Essen, und ich freute mich so sehr, sie zu sehen. Wir sprachen über vieles. Ich erklärte ihr meine Gefühle, und allmählich begann sie, mich zu verstehen. Schließlich mußte sie irgendwie mit mir zurechtkommen.

Ich war zu einem eigenartigen jungen Mann herangewachsen – ich wirkte weiblich und doch maskulin und war sehr zierlich. Es kam vor, daß man mich Fräulein nannte, was mir schmeichelte. Die Leute schauten oft zweimal hin, um zu sehen, ob ich eine Frau war oder ein Mann. Da ich begann, mich zu schminken, unterstrich ich das noch zusätzlich. Was die Leute dachten, störte mich nicht. Es gab sogar Leute, die stehenblieben, um mir nachzusehen. Provokativ wiegte ich mich dann in den Hüften, und sie schüttelten entsetzt den Kopf. Ich wurde immer weiblicher in meiner Art, begann mich auch auffälliger anzuziehen. Meine hellblond gebleichten Haare trug ich hoch auftoupiert.

Damals lernte ich einen anderen Friseur kennen, der dieselben Probleme hatte. Auch er war ein sehr femininer Typ. In Homokreisen waren wir als Tunten verschrien. Wir verstanden uns sehr gut und halfen einander in vielen Dingen. Mit achtzehn fuhren wir zusammen mit dem Zug nach Zürich an die Fastnacht. Wir hatten uns als Frauen zurechtgemacht.

Meine Mutter, mit der ich mich jetzt wieder großartig verstand, half uns mit den Kleidern. Aufgeputzt als schicke Damen zogen wir los. Der Schaffner hatte einen Riesenspaß mit uns. Endlich in Zürich angekommen, stürzten wir uns in den Trubel. Es war ein unbeschreibliches Gefühl, sich endlich so geben zu können, wie wir uns fühlten. Wir zogen von Bar zu Bar und wurden oft eingeladen. Mt dem Taxi ließen wir uns zu verschiedenen Homobars bringen. Plötzlich hatten wir einander verloren. Erst am nächsten Tag trafen wir uns wieder in einem Café im Niederdorf.

An jenem Wochenende lernte ich meinen ersten Freund kennen. Er war etwas älter als ich und hatte ein eigenes Geschäft. Die folgenden Wochenenden verbrachten wir stets zusammen. Er war sehr unterhaltsam – auch deshalb, weil er gerne etwas über den Durst trank. Mich störte das sehr, ich wollte keinen Mann küssen, der stets nach Alkohol roch. Nach ein paar Wochen beendete ich diese Episode.

Im oberen Stockwerk des »Yok«, eines Berner Musiklokals, trafen sich Dirnen, Zuhälter und solche, die diese Szene suchten. Da ich ja nun achtzehn Jahre alt war, hatte ich dort ebenfalls Zutritt. Mich faszinierten diese Leute. Es war alles neu für mich und spannend. Oft sah ich Mädchen, die blaugeschlagen an der Bar saßen, die taten mir unendlich leid. Zwei Dirnen saßen jeden Abend an der Bar. Sie gehörten zu den Stammgästen. Die eine war mollig, die andere gertenschlank. Die mollige konnte herrlich lachen, die Männer mochten sie sehr. Ich freundete mich mit den beiden Frauen an. Am Sonntag durfte ich ihnen dann die Haare machen. Sie bezahlten mich großzügig. Ich besuchte sie oft auf dem Bundesplatz, und wenn sie keinen Freier hatten, gingen wir auf einen Drink ins »Yok«. An den Wochenenden war das Lokal immer überfüllt, doch für die Stammgäste war an der Bar immer ein Platz frei. Es herrschte ein Geschnatter unter den Tunten, es wurde geküßt, gegrabscht und gekreischt. Nicht selten »verirrten« sich Neugierige ins »Yok«, um ein bißchen zuzuschauen. Sie wurden jedoch immer bald wieder vertrieben.

Meistens zogen wir noch ins »Chicago«. Da war stets etwas los. Wir tanzten alle miteinander. Wer hungrig war, konnte später beim Automatencenter einen kleinen Imbiß zu sich nehmen oder bei einem Spaziergang auf der Terrasse ein Sexabenteuer erleben. Dies war dann die letzte Gelegenheit, bevor man nach Hause ging, um sich noch für ein paar Stunden ins Bett zu legen.

An einem Wochenende gab ein Ballettänzer eine Party. Alle Gäste sollten in einem Kostüm erscheinen. Für mich war das natürlich kein Problem, ich kam als Frau. Inzwischen hatte ich nämlich schon einige schöne Kleider im Schrank. Auch verstand ich es mittlerweile recht gut, mich zurechtzumachen. Mit einem gekonnten Make-up konnte ich mein Gesicht völlig verändern. Auf der Party begrüßten mich alle mit lautem Hallo, und an Tänzern fehlte es mir nicht. Als dann noch meine beiden Freundinnen vom Strich erschienen, war der Spaß perfekt. Gegen Mitternacht sprach mich ein Mann an. Ich drehte mich um, und als ich in sein Gesicht blickte, durchfuhr es mich wie ein

Blitzschlag. Vor mir stand Willy, meine erste Liebe aus dem Wald. Er erkannte mich nicht, und ich tanzte mit ihm. Willy nahm mich in seine Arme, und mit geschlossenen Augen schwebte ich glücklich dahin. Nach ein paar Tänzen unterhielten wir uns, und Willy machte mir Komplimente über mein gutes Aussehen – es war Musik in meinen Ohren. Wir tranken Sekt. Ich mußte zugeben, Willy gefiel mir nach wie vor. Er wollte mich näher kennenlernen. Er ahnte nicht, daß er mich eine Liebe gelehrt hatte, die mich so verändert hatte. Da ich in seiner Begleitung bleiben wollte, gab ich mich nicht zu erkennen. Bald legte er seine Arme um meine Schultern und wurde sehr zärtlich zu mir. Er hatte sich also in dieser Beziehung nicht verändert. Diesmal konnte ich es besser genießen. Nun war ich ja kein Kind mehr. Er küßte mich heiß und begehrend, und ich schmolz wie Butter an der Sonne. Nach kurzer Zeit war mein Make-up ruiniert. Ich machte mir jedoch nicht die Mühe, mich wieder herzurichten. Die Party war ohnehin am Ausklingen. Auf Willys Frage, was ich noch vorhätte, antwortete ich, daß ich mir am Automatencenter noch einen Imbiß holen wolle. Sein Vorschlag gefiel mir natürlich besser. Er bot mir an, bei sich zu Hause etwas zu kochen, und ich hatte eigentlich auf einen solchen Vorschlag gehofft. Bei seinem Auto angekommen, öffnete er mir galant die Tür – er spielte das Spiel, das ich liebte, mit, und ich war sehr glücklich. Bei ihm angekommen, bat er mich, im Wohnzimmer Platz zu nehmen. Die Einrichtung gefiel mir. Es war alles aufeinander abgestimmt, und ich bewunderte seine antiken Möbel. Willy gab mir einen flüchtigen Kuß und verschwand in der Küche. Ich hörte Musik und träumte vor mich hin. Willy brachte mir einen Teller mit belegten Brötchen. Bis er fertig sei mit Kochen, meinte er, dann deckte er den Tisch und stellte zwei Kerzen hin. Bevor er mich zu Tisch bat, nahm er mich noch einmal in seine Arme, wiegte mich hin und her und küßte zärtlich meine Augen und meine Nasenspitze. Dann verzehrten wir genüßlich seine Spaghetti Bolognese. Immer wieder sahen wir uns in die Augen. Ich fühlte mich sehr geborgen. Nach dem Essen fragte ich ihn, ob ich bei ihm schlafen könne. Natürlich wollte er das auch und küßte mich auf den Mund, bevor ich ins Badezimmer verschwand. Ich sah bestimmt scheußlich aus mit meinem verschmierten Make-up. Er gab mir Seife und ein Handtuch. Vor dem Spiegel im Badezimmer fragte ich mich, ob er mich wohl erkennen werde, wenn ich abgeschminkt vor ihm stand. Als ich meine Toilette beendet hatte, zog ich seinen Bademantel an und ging zu Willy ins Wohnzimmer. Er lag auf dem Sofa und hörte klassische Musik. Als er mich eintreten sah, streckte er mir beide Hände entgegen. Ich setzte mich auf seinen Schoß und ließ mich von ihm streicheln. Ich schloß die Augen. Es war einfach schön, so behandelt zu werden. Dann beugte ich mich über ihn, küßte seinen Mund und seine Nasenspitze, schaute ihm in die Augen und fragte ihn, ob er mich wiedererkenne. Aufmerksam musterte er mich. Irgend etwas komme ihm bekannt vor, sagte er, aber er könne sich nicht daran erinnern. Ich half seinem Gedächtnis nach und fragte ihn, ob er sich an einen Sommertag im Wald erinnere, als er einem Jungen gefolgt war. Er mußte nicht lange nachdenken, denn er hatte an diese Begegnung zurückgedacht. Er drückte mich fest an sich, gab mir einen Kuß und zog mich in sein Schlafzimmer. Unsere Liebe war diesmal reifer und vollkommener, in seinen Armen fühlte ich mich wohl – ich war seine Frau.

Als es hell wurde, schliefen wir müde und glücklich ein. Irgendwann wachte ich auf. Ich lag umschlungen von seinen Armen im warmen Bett und fühlte mich unendlich geborgen. Ich drehte mich nach ihm um. Ich mußte ihn einfach streicheln, und er wachte auf. Übermütig biß er mich ins Ohrläppchen und fragte mich, ob ich gut geschlafen hätte. Ja, wunderbar, und so fühlte ich mich auch.

Es wurde bereits wieder dunkel, als wir gemeinsam unter die Dusche gingen. Er liebte mich noch einmal, und ich erwiderte alles, was er mir zu geben hatte. Danach machten wir uns etwas zu essen. Es war Frühstück, Mittagessen und Abendessen zugleich. Dabei erzählte er mir aus seinem Leben. Gespannt hörte ich ihm zu. Schließlich fragte ich ihn, wann wir uns wiedersehen würden. Das werde leider nicht gehen, sagte er. Er lebe seit einem Jahr hier in dieser Wohnung fest mit jemandem zusammen. Fast körperlich fühlte ich diesen Schlag ins Gesicht: Wir hatten uns in einem Bett geliebt, das er mit einem anderen teilte. Ich konnte meine Enttäuschung fast nicht mehr verbergen, und ich mußte mich zusammenreißen, um nicht sogleich in Tränen auszubrechen. Wie konnte er mir nur so weh tun? Er wußte doch, daß er für mich etwas ganz Besonderes war. Er hatte nur eine kleine Romanze für eine Nacht gewollt. Er war genau wie alle andern. Diese Erkenntnis war sehr schmerzhaft für mich. Mit einem einzigen Satz hatte er die geheimen Träume, die ich all die Jahre gehabt hatte, zunichte gemacht. Er war verlogen und untreu obendrein. Mein Vertrauen war so erschüttert, daß ich danach nie wieder vorbehaltlos an einen Mann glauben konnte. Das Kapitel Willy war endgültig abgeschlossen. Ich floh aus seiner Wohnung. Seine Gegenwart war mir unerträglich geworden. Er wollte sich noch entschuldigen, doch ich ließ ihn einfach stehen. Mit der Zeit würde ich ihn hoffentlich vergessen.

Die Ferien standen vor der Tür. Meine Mutter und ich wollten nach Torremolinos in Spanien fliegen. Das war unser erster Flug, und wir freuten uns beide sehr auf diese Reise. Endlich war es dann soweit, wir fuhren mit der Bahn nach Zürich-Kloten und bestiegen dort die Maschine nach Malaga. Das Fliegen war sehr aufregend und gefiel uns. In Malaga war es ungewöhnlich heiß. Ein Taxi brachte uns nach Torremolinos. Das Hotel war nicht das teuerste, doch es war hübsch. Nach wenigen Tagen hatten wir schon einige Bekanntschaften gemacht. Eine Bar hatte es uns besonders angetan, sie gehörte zwei Brüdern aus Holland. Sie mochten meine Mutter sehr, weil sie stets fröhlich und aufgeschlossen war. Zum Spaß stellte sie sich manchmal hinter die Theke als Bedienung.

Tagsüber lagen wir am Strand, genossen die Sonne und ließen uns bräunen. Dabei konnte ich in aller Ruhe all die schönen Männer beobachten. Aber die, welche mich am meisten interessierten, würde ich bestimmt nicht bekommen.

Am Abend war immer viel los. In der Disco hatte ich seit dem ersten Abend einen temperamentvollen Mann im Visier. Er war Spanier und kam auch oft in die Bar. Eines Abends holte er mich zum Tanzen. Wir twisteten und schäkerten wie die Wilden. Der Schweiß lief mir am ganzen Körper hinunter. Dank dem Cuba libre fühlte ich mich völlig unbeschwert. Trotz gewisser Verständigungsschwierigkeiten genoß ich den Abend. Gegen Morgen brachte er mich in mein Hotel, und wir verabredeten uns für den nächsten Abend zum Essen. Ich war todmüde und schlief voller Vorfreude gleich ein. Wie vereinbart erwartete er mich am nächsten Abend in der Hotelhalle und führte mich in ein typisches spanisches Restaurant. Die Paëlla war köstlich. Dazu tranken wir schweren Rotwein. Wir unterhielten uns mit Händen und Füßen und verstanden uns immer besser. Der Rotwein zeigte bald seine Wirkung, ich hatte einen Schwips. Als die Kapelle dann Folkloremusik spielte, klatschte ich ausgelassen in die Hände. Erst später, als wir noch in eine Disco gingen, merkte ich, wieviel ich getrunken hatte. Manolo fand es ganz lustig, auch als ich mich an seinen Hals hängte. Doch er versuchte, Abstand zu halten. Manolo gefiel mir, ich hätte gern etwas mit ihm gehabt, doch er brachte mich ins Hotel zurück, und ich torkelte auf mein Zimmer.

Mehrere Tage bekam ich ihn dann nicht mehr zu Gesicht. Ich hatte ein furchtbar schlechtes Gewissen, weil ich mich so unmöglich benommen hatte. Wie gern hätte ich mich bei ihm entschuldigt. Aber am letzten Abend in der Bar der Holländer kam er doch noch. Ich freute mich riesig, ihn zu sehen. Er gesellte sich zu uns und verbrachte den ganzen Abend mit meiner Mutter und mir. Meine Mutter wollte dann zu Bett gehen, doch danach war mir überhaupt noch nicht. Ich wollte noch einmal ans Meer, ich wußte ja nicht, wann ich das Meer wiedersehen würde.

Manolo wollte mich begleiten. Er bedeutete mir, es sei viel zu gefährlich, nachts allein an den Strand zu gehen.

Als wir dann den Strand entlang spazierten, spürte ich plötzlich, wie er mich an sich zog. Ich war völlig überrascht, aber Manolo machte mir schnell klar, was er wollte. Er zog mich zu sich auf den Boden und küßte mich mit einer Leidenschaft, als hätte er Angst, etwas zu verpassen. Es gab keine Stelle an meinem Körper, die er nicht liebkost hätte, ihn störte nichts. In dieser Nacht war ich seine Geliebte. Als wir aufbrachen, sah man bereits die Morgenröte. Manolo wischte mir den Sand aus den Haaren – ich glaube, er hatte nichts bereut.

Eine Zeitlang hatten wir noch Briefkontakt, bis er mir mitteilte, er werde bald heiraten, da schrieb ich ihm nicht mehr.

In all den Jahren hatte ich nun schon einige Enttäuschungen erlebt. Ich war nicht mehr so unbeschwert wie früher. Hinzu kam, daß sich mein Freund, der Friseur, mit den Abgasen seines Autos im Wald das Leben genommen hatte. Ich wußte genau, warum. Er kam mit dem Leben nicht so gut zurecht wie ich. Wenige Monate später hatte jedoch auch ich diesen Punkt erreicht. Ich sah keine Zukunft mehr und wollte nur noch sterben. Ich machte mir einen Cocktail mit Tabletten und trank ihn aus. Meine Mutter fand mich leblos auf dem Fußboden in der Küche. Ich erwachte im Krankenhaus, und nach ein paar Tagen durfte ich wieder nach Hause. Meine Eltern machten sich ernsthaft Sorgen um mich. Ich fing mich jedoch wieder, und alles ging weiter wie bisher.

Endlich kam der Tag meiner Abschlußprüfung als Friseur. Am Morgen war ich sehr nervös. Meine Stiefmutter beruhigte mich und gab sich große Mühe, mir ein reichhaltiges Frühstück zuzubereiten. Doch außer einem Marmeladenbrot und einer Tasse Kaffee kriegte ich nichts hinunter. Als ich in der Schule ankam, verflog meine Nervosität. Schließlich war ich gut vorbereitet. Ohne Probleme schaffte ich die mir gestellten Aufgaben, und zwei Tage später konnte ich mein Diplom in Empfang nehmen. Ich hatte mit einer guten Note abgeschlossen. Darüber war ich natürlich sehr glücklich und stolz. Meine Eltern freuten sich mit mir, und wir feierten gemeinsam bei einem guten Essen. Meine Eltern verstanden sich inzwischen wieder viel besser, sie sprachen wieder miteinander und trafen sich oft in einem Café.

Bald darauf trat ich eine Stelle in Genf an. Ich wollte besser Französisch lernen. Wohnen konnte ich zusammen mit zwei anderen jungen Männern, die beide ebenfalls aus Bern stammten. Der eine war ebenfalls Friseur, der andere war Kaufmann. Die Hausarbeit teilten wir unter uns auf. Mir erschien es ziemlich schwierig, ich war ja bis dahin noch nie auf mich allein gestellt gewesen. Meine Arbeit gefiel mir sehr gut. Ich arbeitete mit einem Friseur und einer Friseuse zusammen. Sie waren mir beide überlegen. Mir fehlte einfach noch die Erfahrung. Wir verstanden uns aber prächtig, und nach einem Monat war ich schon ein kleines Genie mit eigenen Kunden, die mir ihr Haar anvertrauten. Als der Besitzer ein weiteres Geschäft eröffnete, durfte ich mit dem Friseur zusammen dort arbeiten. Ich konnte bereits zehn verschiedene Lockenchignons kämmen, was damals große Mode war. Das wurde zu meiner Spezialität. Jeden Abend ging ich aus, genoß das Leben, und es fiel mir am Morgen immer schwerer aufzustehen. Mit meinen Wohnpartnern verstand ich mich nicht besonders gut. Deshalb suchte ich mir ein eigenes Zimmer in der Nähe meines Arbeitsplatzes. Nur eine Straße weiter fand ich etwas Passendes, ein Zimmer bei einer älteren Dame. Die einzige Bedingung war: Ich durfte keinen Damenbesuch haben. Dies würde bestimmt nicht vorkommen, versicherte ich ihr.

In einer Disco lernte ich Pino kennen. Pino war Franzose und entsprach äußerlich meinem Idealbild von einem Mann. Er war groß, hatte breite Schultern, blaue Augen und war sehr zärtlich. Wir erlebten eine schöne Romanze. Ich wollte jedoch keine feste Freundschaft oder längere Bindung eingehen. Dennoch besuchten wir oft meine Mutter in Bern, und sie fand Pino einfach toll. Er hatte ein Auto, und wir fuhren oft über die Grenze nach Frankreich.

Meine innere Unruhe wurde jedoch zusehends größer, was unserer Beziehung nicht gerade förderlich war. Das Ende war abzusehen. An einem Silvester in Bern kam es zu einem Riesenstreit. Ich warf ihm seine Tasche einfach vor die Haustür, und obwohl Pino mit Tränen in den Augen dastand, empfand ich kein Mitleid mit ihm. Erst später wurde mir klar, was ich ihm angetan hatte. Doch da war es zu spät.

Kurz darauf zog ich aus Genf weg. Ich wurde immer unzuverlässiger, verlor meine Arbeit und konnte auch meine Miete nicht mehr bezahlen. Als ich buchstäblich auf der Straße stand, rief ich meinen Vater an, und er holte mich wieder nach Hause.

Wieder in Bern, fand ich in der Nähe des Zeitglockenturmes bald eine neue Stelle als Friseur. Es ging mir wieder besser, meine Zeit in Genf war bald vergessen. Meine Abenteuer wurden immer flüchtiger. Ich wurde stets unruhiger. Ich konnte nicht genug kriegen. Liebe war schon lange nicht mehr dabei. Ich war in eine traurige Lebensphase geraten, und dies würde sich in den nächsten Jahren kaum ändern.

Bald war wieder Ferienzeit. Ich hoffte, von allem etwas Abstand zu bekommen. Diesmal reiste ich nach Capri, wieder zusammen mit meiner Mutter. Die Fahrt mit dem Zug nach Neapel dauerte Stunden. Von dort fuhren wir mit einem Luftkissenboot auf die Insel Capri. Eine Traumlandschaft bot sich uns dar, und wir wurden bereits erwartet und abgeholt. In einem Kleinbus brachte uns der Fahrer auf die Piazza. Von dort war es nicht mehr weit in unsere Pension. Der Portier trug unsere Koffer. Wir schlenderten ihm fröhlich hinterher. Die Pension war hübsch eingerichtet, unser Zimmer besaß eine Veranda mit Blick aufs Meer. Die Aussicht war einmalig. Im Hintergrund sah ich den berühmten Felsen, der die blaue Grotte verbarg. Meine Kleider wollte ich jetzt nicht auspacken, vielmehr drängte es mich auf die Piazza, um einen Drink zu nehmen und das Ferienleben zu genießen. Auf der Piazza angekommen, entdeckten meine Mutter und ich schnell, daß die Leute hier saßen, um gesehen zu werden. Hier war alles vertreten, jung und alt, Paare gleichen Geschlechts, männliche wie auch weibliche. Hier war die tollste Show. Ein paar Tunten waren angezogen wie Paradiesvögel. Ich war ja auch exzentrisch, aber so etwas hatte ich noch nie gesehen. Meine Mutter amüsierte sich köstlich. An diese eigenartige Parade gewöhnten wir uns jedoch schnell. Nach dem Abendessen zogen wir in die Disco. Das Lokal war hoffnungslos überfüllt, doch gelang es uns mit Hilfe von Bekannten, die wir dort trafen, einen Platz an der Bar zu ergattern. Es war eigentlich eine Homodisco, doch offensichtlich waren die Italiener dort recht großzügig, denn auf der Tanzfläche waren auch Frauen zu sehen.

An der Bar saßen zwei Männer aus Turin. Sie sprachen gut Deutsch, und so konnten wir uns unterhalten. Die beiden Italiener hießen Gianni und Marco. Bald kamen noch andere Leute dazu, und die Stimmung wurde richtig toll. Von der langen Reise müde, verschwanden wir aber bald einmal ins Bett.

Am anderen Morgen trafen wir uns alle wieder auf der Piazza. Erst saßen nur vereinzelt ein paar Leute da, doch dann füllte sich die Piazza zusehends. So mancher hatte noch mit den Folgen seiner durchzechten Nacht zu kämpfen. Nach einem starken Kaffee war der Kater verschwunden, und die Stimmung wurde immer ausgelassener. Auch unsere Bekannten aus der Disco kamen. Als alle fertig gefrühstückt hatten, schlenderten wir zusammen die Via Krupp hinunter ans Meer. Da gab es wunderschöne Plätzchen zum Liegen und Sonnenbaden. Meine Mutter und ich waren bleich wie Emmentaler Käse, und wir mußten uns gut mit Sonnencreme einschmieren. Unsere Kavaliere nahmen uns dies jedoch nur zu gern ab.

Am Strand war einfach immer etwas los. Wir spielten Federball, Boccia oder kletterten über die Felsen in die kleinen Grotten. Zwei Neapolitaner sorgten am meisten für Betrieb, die hatten nur Unsinn im Kopf.

Gianni und Marco hatten ihre Badetücher neben die unsern gelegt. Die beiden lebten bereits mehrere Jahre zusammen. Gianni wirkte ungemein anziehend auf mich, ich scherzte mit ihm und neckte ihn. Plötzlich schoß er auf, packte mich, und ich lag in seinen Armen, leicht wie eine Feder. Natürlich wehrte ich mich, doch es war, als rüttelte ich an einem Felsen. Schon flog ich in hohem Bogen ins Meer. Ich wußte genau, daß ich ihm gefiel, seine Blicke hatten ihn verraten.

Als ich aus dem Wasser kam, rannte ich ihm nach, erwischte ihn jedoch nicht. Hinter einem Felsen wartete er auf mich. Ich ging hin, mußte aber über mich selbst lachen. Als er mich fest im Griff hatte, kam sein Gesicht immer näher. Er sah mir tief in die Augen. Widerstehen konnte ich ihm nicht, also schloß ich die Augen und spürte seine Lippen auf meinen. Es war ein kurzer, intensiver Kuß, dann ließ er mich los und ging zurück zu den andern. Verloren blieb ich einen Moment stehen. Dann faßte ich mich aber wieder und schwamm ein Stück ins Meer hinaus. Wir ließen uns nichts anmerken. Für mich stand fest: Ein Seitensprung war nur noch eine Frage der Zeit, und der erste Tag war ja bald vorbei. Gegen Abend packten wir unsere Badesachen zusammen und stiegen die Via Krupp empor zur Piazza. Bei herrlichen italienischen Gelati entdeckten wir, daß sogar mehrere Prominente auf der Piazza saßen.

Meine Mutter und ich legten uns vor dem Abendessen noch eine Stunde ins Bett, wir wollten fit sein für die lange Nacht.

Wir trafen uns alle in einem Ristorante zum Essen. Eigentlich war es ein Lokal nur für Einheimische, doch da die beiden Neapolitaner die Wirtin gut kannten, durften wir mitgehen. Die Frau war eine großartige Köchin. Ihre Küche war zwar sehr klein, doch sie zauberte die besten italienischen Gerichte auf den Tisch. Der Wein war ziemlich schwer und ebenso gut. Bald hatte ich einen Schwips, erzählte Witze und unterhielt die ganze Tischrunde. Wir waren eine ausgelassene Gesellschaft, lachten viel, und immer wieder flirtete ich ein bißchen mit Gianni. Sein eifersüchtiger Freund paßte gut auf ihn auf, ich mußte vorsichtig sein. Ich wollte auch nicht, daß die beiden Streit kriegten.

Was an der Via Krupp nachts los war, merkte ich schnell – dort war der Treff, um einen Mann zu finden, und ich suchte auf jeden Fall ein Abenteuer. Spät nach der Disco, meine Mutter war schon zu Bett gegangen, machte ich mich auf. Ich setzte mich auf die Mauer und zündete eine Zigarette an. Ich wollte ja, daß man mich sieht. Ich blickte aufs Meer und sah, wie sich der Mond darin spiegelte, und hörte, wie die Wellen hart an die Mauer schlugen.

Da hörte ich jemanden kommen.

Ein unangenehmes Gefühl beschlich mich. Was wäre, wenn er mir nicht gefiele? Er blieb hinter mir stehen. Ich drehte mich um, und er gefiel mir – es war nämlich Gianni. Er hatte sich mit seinem Freund gestritten und sich deshalb auf einen Spaziergang gemacht. Ganz selbstverständlich nahm er meine Hand und führte mich an den Strand. Zwischendurch blieb er immer wieder stehen und schaute mich an. Am Strand angekommen, suchten wir uns einen schönen Platz hinter den Felsen. Wir setzten uns in den Sand und lauschten den Wellen. Gianni gab mir eine Zigarette, und ich sog den Rauch ein, um mich zu beruhigen. Leise unterhielten wir uns. Gianni erzählte mir von seinen Problemen mit seinem Freund, ich hörte ihm zu. Es war eine wunderschöne Sommernacht, und ich war bereit, ihn zu lieben. Ich schmiegte mich an ihn, seine Haut roch herb. Wir küßten uns, seine Lippen waren weich und sanft, doch sein Kuß hatte es in sich. Willig ließ ich mich von dieser Stimmung forttragen. Ich hatte mich nicht in ihm getäuscht. Er war ein hervorragender Liebhaber. Wir blieben am Strand, bis sich der Himmel rötete. Ich hatte keine Gewissensbisse wegen seines Freundes. Hand in Hand spazierten wir die Via Krupp hinauf, außer uns war niemand mehr unterwegs. Vor meiner Pension küßte er mich noch einmal zärtlich, sagte: »Ciao amore«, und ich schlief zufrieden ein.

Als ich am nächsten Mittag an den Strand kam, waren alle schon längst da und zogen richtig über mich her. Ich lachte nur. Es brauchte niemand etwas zu wissen von meinem nächtlichen Erlebnis. Gianni lag neben seinem Freund, er schien zu schlafen. Als er aufwachte, zwinkerte er mir zu. Wir ließen uns nichts anmerken. Es blieb bei dieser einen Liebesnacht.

In der zweiten Ferienwoche fand eine Modeschau statt. Meine Mutter und ich erstanden uns Eintrittskarten für dieses Open-air-Spektakel. Die italienische Mode ist etwas Großartiges. Es war denn auch super – die Mannequins und Dressmen führten die Kleider in grellem Scheinwerferlicht zu Popmusik vor. Mich faszinierte diese Szene. Einer der Dressmen hatte es mir besonders angetan. Aber ich fragte mich, ob er wirklich ein Mann sei. Ich würde es herausfinden. Jedesmal, wenn er den Laufsteg betrat, bedachte ich ihn mit einem kräftigen Applaus. Da ich ganz vorn saß, mußte es ihm auffallen, doch von ihm kam weder ein Blick noch ein Lächeln. Sein Gesicht blieb starr wie eine Maske. Beim Schlußbild lachte er mir zu, wir applaudierten wie verrückt.

In einer Disco hatten wir anschließend einen Tisch reserviert. Für einige waren die Ferien bald zu Ende, und wir wollten noch etwas zusammensein. Wir tanzten alle, als ich ein Mannequin der Modeschau an einem Tisch sitzen sah. Natürlich hielt ich sofort Ausschau nach »ihm« und bemerkte, daß alle Mannequins und Dressmen anwesend waren. Er schaute zu mir auf die Tanzfläche, doch als ich ihm zuwinkte, lachte er bloß kühl und abweisend.

Ich vergaß immer wieder, daß ich ja gar keine Frau war und bei Heteromännern keine Chance hatte. Deprimiert ging ich an meinen Platz zurück, trank aus und verabschiedete mich. Es tat gut, an die frische Luft zu kommen, und draußen war eine herrlich angenehme Temperatur. Ich schlenderte zur Promenade, setzte mich auf eine Bank und rauchte eine Zigarette. Rings um mich war alles still. In meinem Kopf drängten sich viele Gedanken. Plötzlich hörte ich Schritte auf der Promenade. Dann sah ich an der Häuserfront einen Schatten. Mich schauderte es, die Szene war gespenstisch. Ich glaubte, einen Mann zu erkennen. Vor der Bank, auf der ich saß, blieb er stehen und sprach mich italienisch an. »Buona sera, come stai?« Ich antwortete einfach: »Bene, grazie!« Ich konnte ja nicht gut Italienisch. Ich blickte auf und erkannte den Dressman. Da war ich völlig perplex. Nun fragte er mich auf deutsch, ob ich aus Deutschland käme, und ich antwortete, ich sei aus der Schweiz. Er sprach besser deutsch als ich italienisch, so konnten wir uns doch einigermaßen gut unterhalten. Er erzählte mir, ich sei ihm aufgefallen, doch bei der Arbeit dürfe er sich keine Gefühle erlauben. Er fände mich sehr anziehend. Er habe es jedoch noch nie mit einem Mann versucht. Es sei meine feminine Art, die ihn reize. Als er mich küßte, war es kein schöner Kuß, und als er seine Hose öffnete, ahnte ich, was er von mir erwartete. Er drückte mir den Kopf hinunter, und ich machte es ihm französisch. Ich hatte bekommen, was ich wollte, doch meine Enttäuschung war groß. Kaum hatte er seine Hose wieder geschlossen, ließ er mich sitzen. Im Gehen warf er mir ein flüchtiges »Ciao« zu, dann war ich allein. Solche Erlebnisse taten mir immer weh, sie waren erniedrigend. Gleichzeitig wußte ich, daß ich derartiges immer wieder erleben würde. Unglücklich ging ich in die Pension und legte mich ins Bett. Unsere Ferien gingen dem Ende entgegen, und wir tauschten Adressen aus und versprachen, uns zu schreiben. Am nächsten Tag waren wir bereits wieder zu Hause in Bern. Zwei freie Tage blieben mir noch, bevor ich wieder zur Arbeit mußte.

In Bern konnte ich mich einfach nicht mehr richtig einleben. Alles erschien mir eng und kleinkariert. Der Aufenthalt in Genf hatte mich doch mehr verändert, als ich wahrhaben wollte. Um etwas mehr Freiraum zu haben, fuhr ich jedes Wochenende nach Zürich. Da es mir dort immer besser gefiel, suchte ich mir eine Stelle. In einem sehr guten Salon in der Nähe des Werdmühleplatzes fand ich dann auch das Passende. Nun ging alles Schlag auf Schlag. In Bern kündigte ich sofort meine Stelle und machte mich bereit für den Umzug. Bei meiner Mutter gab es Tränen. Wir hatten ein ganz besonderes Verhältnis zueinander gefunden. Ich tröstete sie, daß ich sie so oft wie nur möglich besuchen würde. Schließlich brachte mich mein Vater nach Zürich.

An der Kalkbreitestraße fand ich ein kleines möbliertes Zimmer. Mit der Straßenbahn war es nicht weit zu meiner Arbeit.

Bald lernte ich neue Freunde kennen, wir trafen uns im Café »Izzo«, einem Lokal, das ausschließlich von Männern frequentiert wurde. Dort lernte ich Paul kennen, er lebte in Luzern. Er hatte sich eben von seiner Verlobten getrennt. Erfahrungen mit Männern hatte er keine. Für uns beide begann eine ganz besondere Liebe. Durch ihn fand ich meine innere Ruhe wieder und wollte keine flüchtigen Abenteuer mehr. Er überredete mich, zu ihm nach Luzern zu ziehen. Seine Eltern waren keineswegs begeistert über die neuen Neigungen ihres Sohnes, doch wir setzten uns durch, gemeinsam fühlten wir uns stark. Da ich meine Arbeit in Zürich nicht aufgeben wollte, pendelte ich nun jeden Tag mit der Bahn von Luzern nach Zürich und wieder zurück. Meistens holte mich Paul mit seinem Auto am Bahnhof ab, oder wir trafen uns im »Mövenpick« zum Abendessen. Paul brachte mir das Autofahren bei. Als ich die Prüfung bestanden hatte, wollte ich ein eigenes Auto und kaufte einen Austin. Ein knallrotes Sportkabrio. Nun fuhr ich nicht mehr mit der Bahn zur Arbeit.

An den Wochenenden machten wir Ausflüge, wir besuchten meine Mutter oder meinen Vater. Beide mochten Paul. Seine Eltern besaßen ein Motorboot auf dem Vierwaldstättersee, das wir oft benutzen durften. Allmählich hatten mich seine Eltern in der Familie akzeptiert. Wir verbrachten viel Zeit auf dem See. Ich lernte auch Wasserskifahren. Es war ein berauschendes Gefühl, so über das Wasser zu gleiten, doch ebenso ernüchternd, wenn man hineinfiel. Wenn es das Wetter zuließ, holte mich Paul mit dem Motorboot beim Inseli ab. Er brachte dann jeweils etwas zum Essen mit, und so konnten wir auf dem Boot essen und uns nachher aneinanderkuscheln und die Sterne betrachten.

An meinem zwanzigsten Geburtstag schenkte er mir einen Cockerspaniel. Ich hatte mir so sehr einen Hund gewünscht. Ich geriet ganz aus dem Häuschen. Der war so süß – ein richtiger kleiner Tolpatsch. Ich nannte ihn Dandy. Ich fand diesen Namen passend. Der neuste Herrenhaarschnitt damals hieß auch so. Natürlich kam auch meine

Mutter zu dieser Geburtstagsparty, und wir kochten zusammen für die Freunde, die wir eingeladen hatten. Es schmeckte allen, es war ein fröhliches Fest.

Endlich war ich volljährig und konnte tun und lassen, was ich wollte, und alle Entscheidungen über mein Leben selbst treffen. Es war ein gutes Gefühl. Mein Vater rief an, um mir zu gratulieren, leider hatte er nicht kommen können, doch er versprach mir, die Feier mit mir nachzuholen.

Ich war froh, daß ich Eltern hatte, die mich nie im Stich ließen und mich auch nicht verstoßen haben. Das Leben, das ich führte mit all den Problemen, die es mit sich brachte, war für meine Eltern bestimmt nicht einfach zu verstehen. Andrerseits wußte ich, daß es eine Menge Junge gab, die allein leben mußten, weil ihre Eltern nichts mehr von ihnen wissen wollten. Doch gerade auch sie hätten die Liebe und den Schutz der Familie nötig gehabt. Bestimmt würden meine Eltern auch weiterhin für mich dasein, doch die Verantwortung für mein Leben lag nun bei mir allein.

Ich war nun schon ein Jahr mit Paul zusammen. Es kam zu den ersten Streitereien. Meistens lag es daran, daß er oder ich eifersüchtig war. Hinzu kam, daß ich meinen kleinen Hund weggeben mußte, weil ich ihn nicht mehr zur Arbeit mitnehmen konnte. Es begann sich zwischen uns eine Kluft aufzutun, und als wir nicht mehr miteinander sprechen konnten, trennten wir uns.

Ich zog wieder nach Zürich, in ein möbliertes Zimmer an der Universitätsstraße. Paul besuchte mich noch manchmal abends. Jetzt, wo wir beide wieder allein lebten, verstanden wir uns auch wieder besser. Schon hoffte ich, daß sich doch noch alles zum Guten wenden würde, als ich merkte, daß etwas nicht mehr stimmte. Ich kannte Paul genau. Er fand plötzlich Ausreden, um nicht nach Zürich kommen zu müssen. Dies zerstörte alle meine Hoffnungen. Ich begann an mir und meinem Leben zu zweifeln. Das Unglück nahm seinen Lauf. An einem Abend wollte ich meinem Leben ein Ende setzen. Ich nahm Schlaftabletten. Meine Mutter muß das gespürt haben. Sie rief eine Bekannte an und bat sie, nach mir zu sehen, weil ich schon tagelang nichts mehr von mir hatte hören lassen und auch nicht mehr ans Telefon ging.

Als ich die Tür nicht öffnete, holte diese Frau die Polizei. Nachdem sie die Tür aufgebrochen hatten, sahen sie mich im Bett liegen: angezogen mit meinem besten Seidenhemd und schön geschminkt – ich wollte schön sein im Tod. Als ich im Krankenhaus wieder zu mir kam und realisierte, daß ich noch am Leben war, wurde ich wütend und begann zu schreien. Die Schwester wollte mich beruhigen, doch ich schrie unvermindert weiter. Sie mußte einen Arzt holen, denn ich wollte sofort nach Hause. Endlich konnte ich den Arzt überzeugen, mußte aber ein Dokument unterzeichnen, daß ich das Krankenhaus auf eigene Verantwortung verließ. Noch ein wenig benommen, verließ ich die Klinik. Zu Hause angekommen, legte ich eine Schallplatte mit sentimentaler Musik auf, zerfloß in Selbstmitleid, worauf mir nichts Besseres einfiel, als mir die Pulsadern aufzuschneiden. Als ich wieder zu mir kam, lag ich wieder in einem Krankenhaus, meine Arme waren bandagiert, und meine Mutter saß neben mir.

Als ich entlassen worden war, bestand meine Mutter darauf, daß ich mit ihr nach Bern fuhr. Sie und auch mein Vater hätten einiges mit mir zu reden. Mein Vater kam am Abend zu uns, und ich versuchte, ihnen manche Dinge verständlicher zu machen. Meine Überreaktion hatte gute

Gründe. Mit meinem Wunsch, eine Frau zu sein, konnten sie überhaupt nichts anfangen. Das war etwas völlig Unverständliches für sie. Sie hörten mir zu und bemühten sich auch um Verständnis, doch es blieb ihnen ein Rätsel. Obwohl es mir guttat, endlich einmal mit jemandem darüber sprechen zu können, mußte ich auch feststellen, daß mich wahrscheinlich nie jemand verstehen würde – sie steckten ja auch nicht in meiner Haut.

Eine Woche später fuhr ich wieder nach Zürich. Mein Zimmer kam mir noch kleiner vor als sonst, und am Boden gab es noch Blutflecken. Meine Mutter hatte sie nicht völlig aus dem Teppich entfernen können. Am nächsten Tag ging ich wieder zur Arbeit; mein Chef verlor kein Wort über meinen Suizidversuch.

Am 18. November 1968 erreichte mich im Geschäft die Nachricht meiner Stiefmutter, daß mein Vater am Morgen mit dem Auto einen Unfall gehabt habe. Er war schwer verletzt, das Auto mußte zu seiner Bergung aufgeschweißt werden. Ich war so durcheinander, daß ich Paul in Luzern anrief. Er war sofort bereit, mich in Zürich abzuholen und mit dem Auto nach Burgdorf zu bringen, wo mein Vater im Krankenhaus lag. Als wir dort ankamen, waren auch mein Bruder und die Frau meines Vaters dort. Sie hatte ganz verweinte Augen. Als ich meinen Vater dann sah, erschrak ich fürchterlich, ich hatte es mir nicht so schlimm vorgestellt. Er lag hilflos im Bett, seine Beine waren aufgehängt und mit Gewichten beschwert, und sein Gesicht war mit Schürfwunden übersät. Als ich an sein Bett trat, stammelte ich nur: »Vater, hörst du mich?« Die Tränen liefen mir in Bächen übers Gesicht. Es war ein so trauriger Anblick. Immer war er stark und sportlich gewesen – und jetzt so bleich und zerbrechlich. Ich streichelte ihn und sprach mit ihm, doch hören konnte er mich nicht, er war ja bewußtlos. Ich sah immer wieder zu Paul, auch er hatte Tränen in den Augen. Er verstand meinen Schmerz, weil er wußte, wie sehr ich meinen Vater liebte. In diesem Moment haßte ich meine Stiefmutter. Sie hatte mir meinen Vater weggenommen – und nun würde ich ihn vielleicht für immer verlieren.

Jeden Tag nach der Arbeit fuhr ich nach Burgdorf. Er erkannte mich nur in seinem Unterbewußtsein. Einmal sagte er leise: »Mon fils, halte die Hand hoch.« So hatte er mich früher oft genannt. Er erlangte das Bewußtsein jedoch nicht mehr, und eine Woche nach dem Unfall, am 25. November, erreichte mich die Nachricht von seinem Tod. Meine Mutter erzählte mir, morgens um sieben Uhr habe eine Krähe vor dem Haus geschrien und sie habe gedacht, es werde jemand sterben.

Genau um diese Zeit hatte der Todeskampf meines Vaters begonnen. Als ich an seinem Totenbett stand, verlor ich völlig die Fassung. Ich küßte ihn immer wieder auf die Wange. Daß er tot war, konnte ich gar nicht glauben. Sein Körper war noch ganz warm. Er lag da mit geschlossenen Augen, als ob er friedlich schlafen würde. Mit einer Binde wurde sein Kinn hochgebunden, doch auch dies nahm ich kaum war, und es störte mich nicht. Der Arzt teilte uns mit, Vater sei an einer Fettembolie gestorben. Seine Verletzungen seien so schwer gewesen, daß er nicht zu retten war. Meine Mutter hatte ich mitgenommen, schließlich war sie achtzehn Jahre seine Frau gewesen, und sie liebte ihn immer noch. Vaters zweite Frau mußte dies akzeptieren, obwohl sie, wie auch die Verwandten, uns am liebsten ins Pfefferland gewünscht hätte. Mein Bruder und ich wollten nicht, daß Mutter ausgeschlossen wurde, zumal ich wußte, daß Vater sie in der letzten Zeit ein paarmal mit auf die Reise genommen hatte, er war ja im Außendienst tätig gewesen.

Als wir das Spital in Burgdorf verließen, wollten wir die Unfallstelle sehen. Es war eine schier unglaubliche Situation, weit und breit nur Ackerland. Nur ein einziger kleiner Baum war zu sehen. Doch genau an dieser Stelle war mein Vater mit seinem Auto auf der vereisten Straße ins Schleudern geraten und gegen den Baum geprallt. Ein riesiges Loch klaffte in der Rinde des Baumes, wo der Wagen aufgeprallt war. Ich konnte nicht verstehen, daß ich meinen Vater wegen dieses einen Baumes verloren haben sollte.

Am Tag darauf, früh am Morgen, fuhr ich wieder ins Krankenhaus nach Burgdorf. Ich wollte meinem Vater die Schürfungen mit Schminke etwas abdecken. Man brachte mich in einen Raum, wo sie meinen Vater aufgebahrt hatten. Er lag hinter einem Vorhang. Ich zog ihn auf und erstarrte vor Schreck. Mein Vater lag mit geöffneten Augen da. Ich trat neben ihn und schloß ihm die Augen für immer. Ich weiß, ich sprach unentwegt mit ihm, während ich ihm die Augen zuhielt. Natürlich war er schon kalt, und die Leichenstarre hatte bereits eingesetzt, doch ich streichelte sein Gesicht und weinte die bittersten Tränen meines Lebens. Ich hörte jemanden kommen und glaubte, es wären die Leichenbestatter. Es waren jedoch zwei Männer vom Gerichtsmedizinischen Institut. Sie eröffneten mir, daß sie eine Obduktion durchführen sollten. Natürlich wehrte ich mich heftig dagegen, doch die Versicherung bestand darauf – es ging um Geld. Wenn er einen Herzanfall erlitten hätte, würde die Versicherung nichts zu bezahlen brauchen. So mußte ich mit ansehen, wie sie meinen Vater wie ein Stück Dreck am Kopf und an den Füßen packten und buchstäblich in den Sarg warfen. Ich war außer mir und schrie sie an, wo eigentlich ihr Mitgefühl bleibe. Hinzu kam, daß die Gummiunterlage an Vaters Po klebengeblieben war und so nachhing – ich werde dieses

Bild mein Leben lang nicht mehr vergessen. Die beiden Männer trugen den Sarg weg. Ich blieb allein sitzen und kam mir vor wie ein Häufchen Elend.

Zwei Tage später wurde seine Leiche endlich freigegeben und im Schloßhalden-Friedhof aufgebahrt. Noch am gleichen Tag fuhr ich mit meiner Mutter hin. Mein Vater war nicht wiederzuerkennen, er war völlig entstellt. Wieder weinte ich bittere Tränen – mein armer Vater, was hatten sie bloß mit ihm gemacht. Vater hatte sehr viele Freunde gehabt, und wir erhielten viele Beileidsschreiben. Obwohl meine Eltern geschieden waren, hatten uns seine Freunde nicht vergessen. Bei der Abdankungsfeier war die Kirche voll. Alle, die meinen Vater gekannt hatten, hatten ihn auch geliebt und begleiteten ihn auf seinem letzten Weg. Mir ging es sehr schlecht, ich nahm kaum etwas wahr. Doch als ich auf der Bank in der Kirche saß und vor mir den Sarg sah, verlor ich die Beherrschung und schluchzte fürchterlich. Ich hatte meinen geliebten Vater für immer verloren. All die Kränze und Blumen zeugten von der großen Anteilnahme. Mein letztes Geschenk, das ich ihm geben konnte, war sein Lieblingslied. Dafür hatte ich eine Opernsängerin aus dem Berner Stadttheater engagiert, und sie sang für ihn das »Ave Maria«. Nach der Absegnung mußten wir hinter dem Trauerwagen hergehen. Ich konnte mich kaum noch auf den Beinen halten. Die Tränen rannen mir übers Gesicht. Die Leute rings um mich sah ich gar nicht mehr. Als mein Vater der Erde übergeben wurde, rannte ich weg. Ich konnte es einfach nicht mehr ertragen. Ich brauchte etwas Zeit für mich, um meine Fassung wiederzugewinnen. Meine Mutter folgte mir, nahm mich in die Arme und versuchte, mich zu trösten.

Ich beruhigte mich wieder etwas und ging zurück zu den andern. Die Leute sprachen uns ihr Beileid aus. Auch diese Zeremonie überstand ich. Nun begab man sich zum Leichenmahl. Meine Mutter sollte nicht dabeisein dürfen. Da schlug ich Krach und beharrte auf ihrer Anwesenheit. Die zweite Frau meines Vaters mußte es akzeptieren. Im Restaurant, ich hatte schon etwas Wein getrunken, betrachtete ich meine beiden Tanten etwas genauer. Plötzlich mußte ich lachen, sie trugen genau denselben Hut, nur hatten sie ihn verschieden auf dem Kopf. Es war mir egal, daß sich die anderen Gäste nach mir umsahen. Danach stand ich auf und verließ den Saal. Die ganze Anspannung der letzten Tage löste sich.

Ich besuchte das Grab meines Vaters, sooft es mir möglich war, ich vermißte ihn so sehr. Die Erfahrung, ihn so früh zu verlieren, war bitter für mich. Aber auch meine Mutter litt mehr unter seinem Tod, als sie zugeben wollte. Sie hat nie wieder geheiratet. Ich hätte gern ein Andenken an ihn gehabt, doch Vaters zweite Frau verweigerte mir diesen Wunsch. Also blieb mir nur ein Foto von ihm. Mein Bruder und ich bekamen den Pflichtteil der Versicherung ausbezahlt, und dieses Geld legte ich auf ein Sparkonto.

Mein Leben ging weiter. Die Zeit heilt Wunden, heißt es. Ich gewann etwas Abstand. Doch nach all den Jahren vermisse ich meinen Vater immer noch.

Zwei Jahre nach Vaters Tod wiederholte sich das Ganze noch einmal auf ähnliche Weise. Ich lebte wieder allein in Zürich an der Universitätsstraße. Eines Morgens klingelte es, ich erwartete niemand an diesem Sonntag. Vor der Tür stand mein Bruder mit einer Freundin und einem Freund. Auf der Durchreise nach Deutschland wollten sie mich mit einem Blitzbesuch überraschen. Ich freute mich riesig über seinen Besuch, wir hatten uns schon mehrere Monate nicht mehr gesehen. Ich machte für uns alle Frühstück. Sie konnten nicht lange bleiben, nach einer Stunde brachen sie auf, um ihre Reise fortzusetzen. Ich verabschiedete alle drei, wünschte ihnen eine gute Reise, ermahnte sie noch, vorsichtig zu sein. Dann brausten sie in einem hellgrünen Lamborghini davon. Vom Rücksitz des Wagens winkte mir mein Bruder noch zu. Ich legte mich noch einmal ins Bett, muß aber wieder eingeschlafen sein, denn plötzlich schreckte mich ein Läuten auf. Meine Mutter war heulend am Telefon, ich verstand kein Wort und versuchte, sie zu beruhigen. Endlich verstand ich, daß sie einen Anruf vom Winterthurer Krankenhaus bekommen hatte mit der Hiobsbotschaft, mein Bruder und zwei andere Personen seien mit dem Auto verunfallt. Er liege schwer verletzt im Krankenhaus. Ich lachte noch und sagte meiner Mutter, daß dies bestimmt nicht sein könne, sie seien erst kurz vorher bei mir weggefahren. Doch dann sah ich auf die Uhr und erschrak. Ich mußte nochmals richtig eingeschlafen sein, denn es waren bereits mehrere Stunden vergangen. Ich versprach Mutter, sofort ins Krankenhaus zu fahren. Sie wollte mit dem nächsten Zug nachkommen.

Im Krankenhaus angekommen, meldete ich mich bei der Information und erkundigte mich nach meinem Bruder. Die Dame teilte mir mit, mein Bruder liege auf der Intensivstation. Bis zu jenem Moment hatte ich mir gar nicht vorstellen können, daß ihm wirklich etwas Schlimmes passiert war. Kurz zuvor hatte ich ihn ja noch gesund und munter gesehen. Jetzt aber fuhr mir ein Schreck durch die Glieder. Die Schwester auf der Intensivstation begleitete mich ins Zimmer, machte mich aber vorher darauf aufmerksam, daß mein Bruder sehr schwer verletzt und nicht bei Bewußtsein sei. Als ich dann an sein Bett trat, gefror mir fast das Blut in den Adern – mir bot sich dasselbe Bild wie bei meinem Vater. Verbände, Gestelle, die Beine aufgehängt und mit Gewichten beschwert. Mich packte die nackte Angst. Ich schaute ihn an, doch ich sah ihn kaum durch die Tränen in meinen Augen. Am Morgen war er noch so fröhlich und voller Lebenslust gewesen, und jetzt lag er da, bewegungslos, bleich und hilflos. Ich versuchte ihn zu wecken. Leise rief ich ihn beim Namen, dann rüttelte ich ihn sanft am Arm, an dem Schläuche hingen, doch er reagierte überhaupt nicht. Ich weiß nicht, wie lange ich an seinem Bett stand. Allmählich beruhigte ich mich und wollte nach den anderen beiden sehen. Die Schwester brachte mir schonend bei, daß der Fahrer bereits auf der Unfallstelle gestorben sei, seine Verlobte aber »nur« einen Beinbruch und verschiedene Prellungen erlitten habe. Das war alles so unendlich traurig. Ich ging wieder zu meinem Bruder zurück. Kurz darauf kam der Arzt und erklärte mir, daß mein Bruder sehr schwere Verletzungen habe – verschiedene Beinbrüche, einen Beckenbruch, eine schwere Gehirnerschütterung. Er konnte mir nicht sagen, ob mein Bruder überleben würde.

Ich stand da, gelähmt, wie in Trance, hörte zwar die Stimme des Arztes, doch ich sah ihn nicht. Vor meinen Augen flimmerte das Bild meines Vaters, wie er nach dem Unfall so dagelegen hatte, und für einen Moment konnte ich nicht genau unterscheiden, ob nun mein Bruder oder mein Vater vor mir im Bett lag. Ich betete still für mich: »Gott, laß nicht zu, daß sich das alles wiederholt!«

Später sah ich nach der verunfallten Frau. Den Umständen entsprechend ging es ihr gut. Sie fragte mich nach den andern beiden, und ich log sie an. Ich konnte ihr die furchtbare Wahrheit nicht sagen und verabschiedete mich dann bald, um wieder nach meinem Bruder zu sehen.

Im Zimmer stand meine Mutter, ein Freund meines Bruders hatte sie mit dem Auto hergebracht. Völlig verweint starrte sie auf ihren Sohn, der immer noch bewußtlos dalag. Es war unfaßbar für sie. Ich versuchte, sie zu trösten, doch auch ich kämpfte mit den Tränen. Stumm saß sie einige Stunden am Bett, dann schickte ich sie nach Hause, sie war völlig erschöpft. Ich hingegen blieb, ich wollte bei meinem Bruder Wache halten. Eine Nacht kann sehr lang sein. Am Morgen war ich so müde, daß ich mich kaum mehr auf den Beinen halten konnte. Im Krankenhaus trank ich einen starken Espresso, der meine Lebensgeister wieder etwas belebte. Dann fuhr ich nach Hause, um zwei Stunden zu schlafen, ich mußte ja auch wieder zur Arbeit gehen. Damals arbeitete ich in Horgen als erster Friseur in einem größeren Salon.

Jeden Abend nach Dienstschluß setzte ich mich ins Auto und fuhr ins Krankenhaus nach Winterthur. Ich stand unter einem enormen Druck. Tagsüber arbeiten und abends dieses traurige Bild im Spital. Die ersten Tage vergingen, ohne daß sich etwas geändert hätte. Mein Bruder lag stumm und reglos im Bett. Alles Zureden und Streicheln konnte ihn nicht wecken, ich war in tiefer Verzweiflung. Nach beinahe einer Woche überraschte mich die Schwester mit der Botschaft, mein Bruder habe das Bewußtsein wiedererlangt. Ich war so froh darüber und überzeugt, daß Gott meine Gebete erhört hatte. Mein Bruder öffnete tatsächlich die Augen, als ich mit ihm sprach. Er erkannte mich aber nicht und schlief bald wieder ein. Doch jeden Tag ging es ihm etwas besser, und ich wußte, er war über den Berg.

Mein Leben normalisierte sich wieder etwas. Zwei Wochen lang verschwieg ich ihm jedoch, daß sein Freund tot war.

Mein Bruder erzählte mir dann, daß sein Freund die Nacht vor dem Unfall durchzecht habe und dann am Steuer für einen kurzen, aber folgenschweren Moment eingeschlafen sei. Dabei geriet der Wagen auf die andere Fahrbahn und prallte in ein korrekt entgegenkommendes Auto. Darin saß eine Familie aus Deutschland. Alle Insassen überlebten zwar, waren zum Teil aber auch schwer verletzt.

Zwei Monate später konnte mein Bruder an Krücken das Krankenhaus verlassen. Anfangs war er noch ziemlich pflegebedürftig, und meine Mutter mußte für ihn sorgen. Seine Genesung machte aber gute Fortschritte, und nach ein paar Monaten hatte er sich von dem schrecklichen Unfall erholt.

Ich hatte wieder mehr Zeit für mich und suchte etwas Abwechslung. Als ich von einer Miss-Wahl in einem Homolokal hörte, wollte ich da mitmachen. Eine meiner Kundinnen, eine Striptease-Tänzerin, lieh mir eines ihrer Kleider aus. Es war das Modell »Madame Pompadour« aus blau-weißem Satin. Darunter mußte ich zwei Reifröcke tragen. Bei einem Theaterfriseur mietete ich mir eine weiße Lockenperücke. Mein Gesicht schminkte ich ganz in Weiß, wie sich die Damen früher bei Hofe schminkten.

Endlich war es soweit. Die verschiedenen Masken präsentierten sich auf einem Laufsteg, und eine Jury entschied über die ersten Plätze.

»Erster Preis – – – Madame Pompadour!« Ich freute mich riesig. Nach einer Ehrenrunde, bei der mir überall gratuliert wurde, bekam ich eine richtige Miss-Schleife umgelegt. Als Preis erhielt ich einen Früchtekorb und einen Gutschein für ein Abendessen zu zweit. Am nächsten Tag erschien sogar ein Bild von »Madame Pompadour« in einer Boulevardzeitung, ich war mächtig stolz.

Mit der Zeit war ich auch wieder bereit, eine feste Beziehung einzugehen. In einer Bar in der Zürcher Altstadt lernte ich Rolf kennen. Er war ein Stück älter als ich, mit graumeliertem Haar. Wir verstanden uns auf Anhieb ausgezeichnet. Ein paar Monate später suchten wir zusammen eine Wohnung und richteten sie gemütlich ein.

Abends gingen wir oft in Homobars. Mittlerweile gab es schon einige in Zürich. Unsere Beziehung war unbeschwert, schön und rosarot – wir genossen das Leben. Völlig aufeinander fixiert, waren wir uns auch treu. Ja wir lebten wie ein normales Ehepaar, und unsere Freunde akzeptierten uns so. Rolf kaufte uns einen Hund. Es war ein Weibchen, eine Mischung aus Pudel und Cockerspaniel.

In der Schweizer Hitparade tauchte der Song »Sheila Baby« auf, und so tauften wir unseren kleinen Hund eben Sheila. Nun waren wir vollkommen beschäftigt. Da Sheila möglichst schnell stubenrein werden mußte, waren wir ständig unterwegs, um sie »Gassi« zu führen. Durch seinen Beruf lernte mein Freund viele Leute kennen und erhielt des öfteren Eintrittskarten für verschiedene Anlässe. Wir gingen überall gemeinsam hin und lernten so interessante Leute aus der Musik- und Theaterszene kennen. Auch lud man uns zusammen zu Partys ein. Oft traf ich dann sogar Prominente. Mein Freund konnte sehr romantisch sein, er war im Sternzeichen des Fisches geboren, ich bin Krebs. Man sagt, diese Kombination sei ideal für eine gute Partnerschaft. Auch ich liebte es romantisch, und so saßen wir oft abends im Garten und aßen bei Kerzenlicht und einer guten Flasche Wein. Wenn man verliebt ist, ist alles immer so einfach. Man überspielt allfällige Probleme einfach. Wenn wir dann bei Kerzenlicht in Stimmung kamen, war unsere Liebe immer sehr schön, und engumschlungen schliefen wir ein.

Mein Freund verwöhnte mich sehr, stets brachte er mir eine kleine Aufmerksamkeit mit nach Hause, manchmal waren es Blumen oder auch mal ein Parfüm – ich mochte diese exotischen Düfte sehr.

An einem Samstag besuchten wir wieder einmal ein Homo-Dancing. Die Getränke brachten wir selbst mit. Das war so üblich, zumal Alkoholausschank in diesen Lokalen meist nicht erlaubt war. Ich sah mich um. Ein Mann fiel mir auf, der hervorragend mit einem anderen tanzte. Gebannt schaute ich ihnen zu, es war eine richtige Augenweide. Da ich selbst leidenschaftlich gern tanze, wünschte ich mir sehnlichst, auch einmal mit ihm zu tanzen. Er war ein guter Führer, das sah ich sofort, und da ich mich gut führen ließ, konnte ich mich immer leicht auf einen Tanzpartner einstellen. Ich mußte mich aber irgendwie bemerkbar machen, ich war ja mit meinem Freund da. Die Gelegenheit kam schneller als erwartet. Der Mann bediente gleichzeitig die Diskothek, und so konnte ich mir eine Platte wünschen. Der Titel hieß »Du mußt mit den Wimpern klimpern, wenn dir ein Mann gut gefällt«. Das tat ich dann natürlich auch, und er schien es gemerkt zu haben, denn bald darauf spielte er die Platte erneut, und ich sah ihn an meinen Tisch kommen. Er holte mich zum Tanz, und wir tanzten zusammen die verrücktesten Schritte. Ich flog nur so mit ihm über das Parkett. Er zeigte mir Schritte, die ich noch nicht gekannt hatte. Er war ein guter Lehrer. Manchmal legte er mich so weit nach hinten, bis ich mit dem Kopf den Boden berührte. Es war phantastisch, und ich genoß es, obwohl ich bemerkte, daß mir mein Freund eifersüchtige Blicke zuschoß. Die Vorwürfe blieben denn auch nicht aus, als ich wieder an den Tisch zurückkam. Doch das hätte er besser unterlassen. Ich wurde ziemlich frostig zu ihm. Ich hatte das Tanzen genossen, mir aber nichts dabei gedacht. Unsere Stimmung sank auf den Nullpunkt. Wir verließen das Lokal, um nach Hause zu gehen. Auf dem Heimweg sprach keiner ein Wort, doch zu Hause gab's Krach. Ohne uns gute Nacht zu sagen, gingen wir zu Bett. Noch nie waren wir so wütend aufeinander gewesen.

Heimlich traf ich mich nun öfter mit jenem Mann. Er war der Besitzer des Lokals. Ich wußte auch, daß er einen jungen Freund hatte, der mich nicht ausstehen konnte. Er war genauso eifersüchtig wie Rolf.

In solchen Kreisen ist die Eifersucht viel extremer als unter sogenannten normalen Paaren. Doch was auf dieser Welt ist denn überhaupt normal? So kam es, daß wir miteinander ausgingen. Er lud mich zum Essen ein. Er war ein ausgesprochener Romantiker und sehr naturverbunden, das gefiel mir. Mit Frauen hatte er ebenfalls seine Abenteuer. Er wurde für mich immer interessanter. Ich fand ihn sehr männlich und faszinierend. So kam es schließlich, wie es kommen mußte. Als wir wieder einmal zusammen ausgingen, nahm er mich nachher zu sich nach Hause mit. Er wohnte in einem Hochhaus. Hauptberuflich war er Treuhänder und hatte sein Büro in der Wohnung. Seine Wohnung war geschmackvoll eingerichtet. Wir setzten uns nahe zusammen und tranken eine Flasche Sekt. Ich versuchte, mit meinem Bein Kontakt zu seinem Bein herzustellen, und er ließ es zu. Bald darauf küßte er mich intensiv und fordernd zugleich, führte mich in sein Schlafzimmer und zog mir bei gedämpftem Licht die Kleider aus. Er suchte meinen Mund, zuerst sanft, dann immer leidenschaftlicher. Dann überschüttete er meinen Körper mit Zärtlichkeiten. Es war lange her, seit ich eine so heftige Leidenschaft verspürt hatte. Wir ließen uns beide darin versinken. Als wir den höchsten Punkt unserer Liebe erreicht hatten, schrien wir unser Glück hinaus, sanken in die Kissen und lagen uns erschöpft und beglückt in den Armen.

Leider konnte ich nicht bei ihm übernachten. Ich mußte nach Hause zu meinem Rolf. Ich küßte ihn zum Abschied, dann machte ich mich auf den Weg. Zu Hause angekommen, stellte ich mit Erleichterung fest, daß Rolf tief und fest schlief. Darüber war ich sehr froh. Ich mochte ihn nicht anlügen, er war wirklich sehr lieb zu mir. Die Leidenschaft ließ mich noch mehrere Liebesstunden mit dem anderen Mann verbringen. Dann kühlte dieses Verhältnis ab, und ich brach die Beziehung ab. Ich hatte erfahren, daß er verschiedene Liebschaften gleichzeitig hatte, und ich bekam Angst, mir irgendeine Krankheit aufzulesen. Meine Freundschaft zu Rolf hatte natürlich sehr darunter gelitten. Durch mein Fremdgehen hatten wir uns ziemlich auseinandergelebt, und ich wünschte mir, daß wir wieder zueinanderfinden würden. Nun tat es mir leid. Ich war einfach zu jung – ich suchte dauernd Bestätigung und Abenteuer. Rolf ging es um ernstere Dinge, doch er verzieh mir immer wieder. Meine innere Unruhe machte sich wieder heftig bemerkbar, und ich hatte noch viele Eskapaden. Doch mit Rolf verband mich soviel Gemeinsames, daß wir zusammenblieben.

Ich wollte mich beruflich verändern. Ich träumte von einem eigenen Friseursalon. Rolf unterstützte mich, und wir suchten gemeinsam ein geeignetes Lokal. An der Rämistraße fanden wir schließlich einen Salon, den wir modisch herrichteten. Ich nähte die Vorhänge selbst, darauf war ich sehr stolz.

Als alles fertig war, luden wir zu einer Vernissage mit Kanapees und Champagner. Unzählige Bekannte, Kunden und Freunde kamen. Ich war ganz aufgeregt, und mein Friseursalon sah aus wie ein Blumenladen. Rolf freute sich mit mir über den erfolgreichen Start.

Abends, nach der Arbeit, kam er meistens noch zu mir ins Geschäft und stand mir hilfreich zur Seite, wenn ich viel zu tun hatte. Ich zeigte ihm die einfachsten Handgriffe, und bereits nach kurzer Zeit konnte er selbständig Haare waschen, bei Dauerwellen neutralisieren und Farbe auftragen. Die Kundinnen mochten ihn alle sehr, er war äußerst charmant – ein klassischer Frauenheld mit grauen Schläfen, wie aus einem Roman.

Meine Mutter besuchte uns oft in Zürich, und wenn sie es einrichten konnte, blieb sie übers Wochenende. Wenn es schön war, lagen wir am Sonntag meist im Garten und genossen die Sonne. Rolf war stets gebräunt wie ein Sportler, und das ließ ihn noch interessanter aussehen. Mittelpunkt in unserem Haus war aber nach wie vor unser Hund Sheila. Mittlerweile war sie zu einem stattlichen Hund herangewachsen, und wir spielten mit dem Gedanken, Sheila decken zu lassen. Zufälligerweise fand sich bald ein Rüde der gleichen Rasse, das heißt, Rasse konnte man das ja nicht nennen, sie war ja ein Bastard.

Sheila war also trächtig, und als wir merkten, daß die Jungen bald zur Welt kommen würden, wußten wir nicht, was tun, und waren beide sehr nervös. Doch alles ging problemlos. Sheila warf drei allerliebste Hundebabys. Um sicherzugehen, daß alles in Ordnung war, fuhren wir mit

Sheila zum Tierarzt. Er beruhigte uns, alles sei bestens, und wünschte uns viel Freude mit den Jungen. Einen Tag später aber wurde Sheila sehr unruhig, geradezu böse, und ließ die Kleinen nicht mehr saugen. Beunruhigt suchten wir wieder einen Tierarzt auf, diesmal einen anderen. Dieser stellte fest, daß die Nachgeburt nicht vollständig ausgetrieben war, und holte dies nach. Wie froh war ich, nicht zu lange gewartet zu haben. Sie hätte daran sterben können. Eines der Jungen mußten wir kurz darauf einschläfern lassen: es bekam asthmatische Anfälle, und ein Leben voller Leiden hätte ihm bevorgestanden. Bei uns gab es Tränen. Es war ausgerechnet das Hundebaby, das wir für uns behalten wollten, die anderen hatten wir längst anderen versprochen.

Nach dem Tod des Hündchens wurde meine innere Unruhe wieder unerträglich. Irgend etwas stimmte einfach nicht mit mir. Ich begann wieder dauernd auszugehen, betrog meinen Freund, war deprimiert und enttäuscht. Es wurde eine schlimme Zeit für ihn, aber auch für mich. Ich haßte mich deswegen, konnte es aber nicht ändern. Irgendwie paßte es auch gar nicht zu mir. Unsere Beziehung bekam immer mehr Risse, doch wir blieben zusammen. Dann lernte ich einen Westschweizer kennen. Er arbeitete in Zürich in einer Bar. Unsere Verbindung war äußerst emotional. Wir liebten uns, dann stritten wir uns, daß die Fetzen flogen. Ich war diesem Mann praktisch hörig, verstand aber nicht, warum. Er war bisexuell veranlagt, und man darf ruhig sagen, er nahm, was er kriegen konnte – es war ekelhaft, doch ich ließ es mir gefallen. Von ihm hatte ich meine erste Geschlechtskrankheit und war längere Zeit in ärztlicher Behandlung. Rolf wollte ich natürlich nicht auch noch infizieren. Ich beichtete ihm die leidige Geschichte, und er verzieh mir einmal mehr. Er liebte mich so, wie ich war. Dank seiner Hilfe kam ich dann von dem andern los. Ich fand die Kraft, das Verhältnis zu beenden, und sah ihn nie wieder.

Etwas in mir zwang mich immer mehr, über mein Leben nachzudenken. Der Wunsch, eine Frau zu sein, wurde immer intensiver und drängender. Bestimmt wäre das Leben als Frau einfacher für mich. Dann verwarf ich diese Gedanken wieder. Ich sah auch gar keine Möglichkeit zu ihrer Verwirklichung. Doch plötzlich schlichen sie sich wieder ein.

Immer wenn ich in Bern war, besuchte ich das Grab meines Vaters. Ich vermißte ihn nach wie vor. Er starb ja bereits mit achtundvierzig Jahren. Ob dies wohl mit ein Grund war, daß ich mich von älteren Männern besonders angezogen fühlte? Mein Leben war in Unordnung, gezeichnet von einer inneren Zerrissenheit.

Mit Rolf hatte ich mich wieder versöhnt. Unsere Beziehung verbesserte sich zusehends. Er versprach, mir mehr Freiheiten einzuräumen. Ich war mir jedoch nicht sicher, ob das die Lösung des Problems war.

Jedes Jahr fand im »Grand-Hotel Dolder« der Modeball statt. Alles, was in der Modebranche Rang und Namen hatte, nahm daran teil. Rolf und ich besuchten dieses große Ereignis jedes Jahr, immer in Begleitung von Damen. Meistens handelte es sich um Kundinnen aus meinem Geschäft. Ich verpaßte ihnen eine schöne Abendfrisur und ein Make-up, und am Abend holten Rolf und ich sie zum Essen ab, bevor wir an den Ball gingen. Ein elegantes Aussehen war von großer Bedeutung für mich, und deshalb putzten wir uns immer mächtig heraus für diesen Abend. Ich war immer ein wenig feminin angezogen, doch meine Begleiterin störte das nicht. Natürlich tanzten wir viel, kauften Tombolalose, es gab ja tolle Preise, und flanierten die Treppe hinauf und hinunter. Schließlich war die Devise bei diesem Anlaß: sehen und gesehen werden. Wenn wir ein Getuschel hinter uns hörten, war uns dies völlig egal.

Jeder Saal war anders dekoriert, und in jedem spielte eine andere Band. Eine liebten wir besonders, es war die Band, die das Lied »Sheila-Baby« komponiert hatte. Den Bandleader kannten wir schon längst persönlich.

Als ich wieder mit meiner Begleiterin tanzte, sah ich ihn. Er trug einen auffallenden, hellblauen Abendanzug. So etwas hatte ich noch nie zuvor gesehen. Ich machte meine Begleiterin auf ihn aufmerksam. Sie war ebenso beeindruckt, und wir schauten beide ungeniert zu ihm hin. Offensichtlich war er in Begleitung seiner Frau. Sie war aber keine attraktive Erscheinung, ja sie paßte eigentlich gar nicht zu ihm. Nun bemerkten wir mit Vergnügen, daß auch er zu uns hinüberschielte. Wir wußten jedoch nicht, wem seine Blicke galten, mir oder meiner Begleiterin. Es war eine eigenartige und zugleich spannende Situation. Als der Tanz zu Ende war, kehrten wir an unseren Tisch zurück und tranken ein Glas Champagner. Dann war es Zeit zu sehen, was wir an der Tombola gewonnen hatten. Leider war wieder einmal kein Hauptpreis darunter, doch wir amüsierten uns trotzdem prächtig. Natürlich konnten wir es uns nicht verkneifen, uns über die andern Leute lustig zu machen. Dies taten wir auch gerade, als der Mann im blauen Anzug mit seiner Frau vorbeikam. Er sah wirklich super aus, auch aus der Nähe. Er hatte auffallend klare blaue Augen. Im Verlauf des Abends begegneten wir uns noch mehrmals. Da er mich dabei jedesmal fixierte, wußte ich nun, daß sein Interesse mir galt und nicht meiner Begleiterin. Also ging ich auf die Toilette, und prompt kam er mir nach und bat mich um meine Telefonnummer. Wir unterhielten uns nur kurz. Er hatte eine sehr angenehme Stimme. Da ich nichts zum Schreiben hatte, mußten wir Toilettenpapier und meinen Kajalstift benutzen. Er versprach, mich anzurufen. Er wollte mich wiedersehen. Ich wartete noch ein Weilchen allein, dann kehrte ich zu den anderen zurück. Meine Begleiterin schaute mich an, lächelte und zwinkerte mir zu. Sie hatte natürlich alles mitbekommen. Mich hingegen stimmte diese Begegnung etwas nachdenklich. Den Grund, weshalb mir solche Männer immer Beachtung schenkten, kannte ich eigentlich: Viele wußten nicht, ob ich eine Frau oder ein Mann war. Gegen zwei Uhr morgens machten wir uns auf den Heimweg, es war eine herrliche Ballnacht gewesen. Der »hellblaue Anzug« rief mich jedoch nie an.

Bald einmal war wieder Fastnacht in Zürich. Schon früh begann ich mit den Vorbereitungen und schneiderte mir ein Kleid. Dieses Jahr wollte ich Josephine Baker sein. Am Tag des Balls brachte mich Rolf mit dem Taxi vors Kongreßhaus. Dort erwartete mich bereits eine meiner treusten Kundinnen.

Wir heizten mit ein paar Gläsern Champagner unsere Stimmung an. Mein Kostüm bereitete mir etliche Probleme.

All die Federn, die ich daran befestigt hatte, kamen mir laufend in die Quere. Darüber lachten wir herzhaft. Das Fest war super. Die Leute, die gekommen waren, waren alles ein bißchen verrückte Typen. Geld brauchten wir nicht viel, wir wurden fast immer eingeladen. Meine Art gefiel den Leuten. Es fielen keinerlei blöde Bemerkungen. Es war einfach ein Riesenspaß. Natürlich wurde auch getanzt: Samba, Cha-Cha-Cha und Rock 'n' Roll. Meine Lieblingsband spielte auch an diesem Abend, und einmal mehr wünschte ich mir »Sheila-Baby«. Meine Rolle als Josephine Baker spielte ich perfekt. Ich erzielte große Erfolge und genoß die Komplimente. Gegen Morgen kamen alle Guggenmusiken ins Kongreßhaus zu einem Monsterkonzert. Der Lärm war ohrenbetäubend, die Szene einzigartig. Später fanden sich die Unentwegten noch im Bahnhofsrestaurant zu einem kleinen Imbiß zusammen. Dann ging's aber nach Hause ins Bett – die »Auslumpete« stand ja noch bevor.

Am Montagabend fand der zweite Maskenball statt. Der war meist viel besser als der erste. Viele wechselten das Kostüm, die Stimmung war jedesmal ausgelassen. Wenn sich die Fastnacht dem Ende zuneigte, überkam mich stets eine sehr melancholische Stimmung. Wenn jemand wie ich diese Tage in Frauenkleidern so glücklich genoß, so mußte ihm die Zeit bis zur nächsten Fastnacht bedenklich lang vorkommen.

Ich hatte eine besonders nette neue Kundin bekommen. Sie war die Besitzerin eines Hotels. Dort gab es im Untergeschoß eine Bar für Männer. Diese Frau organisierte einen Ausflug für Homos und Lesben. Mit zwei doppelstöckigen Omnibussen ging's los – eine Fahrt ins Blaue. Ich war überrascht, wie viele Teilnehmer sich gemeldet hatten. Darunter waren sehr lustige und unterhaltsame Leute. In unserem Bus herrschte eine ungezwungene, fröhliche Stimmung. Wir sangen zusammen Lieder aus der Schulzeit.

Die Fahrt endete auf einer Waldlichtung. Von da aus mußten wir noch ein Stück zu Fuß gehen. Dann sahen wir eine idyllische Waldhütte vor uns. Wir waren am Ziel angelangt. Alles war bis ins kleinste Detail vorbereitet. Zur Begrüßung spielte eine Ländlerkapelle. Es herrschte eine Bombenstimmung, es wurde viel gelacht und gesungen, getanzt und gespielt. Es gab einen Wettbewerb, bei dem man kleine Preise gewinnen konnte. Das Essen war köstlich. Ein wunderbares Salatbüfett animierte die Gäste, sich zum selbstgegrillten Fleisch einen bunten Teller zusammenzustellen.

Rolf und ich setzten uns etwas abseits. Wir wollten das gute Essen richtig genießen. Unter den Gästen befand sich ein Mann, der mir gut gefiel. Ich kannte ihn bereits von der Bar her und wußte, daß er verheiratet war, seine Frau das erste Kind erwartete, er aber gleichzeitig einen jungen Freund hatte. Also setzten wir uns zusammen an den gleichen Tisch und unterhielten uns. Wir tanzten miteinander. Es war ein schönes Gefühl, sich an ihn zu schmiegen. Er war sehr groß und kräftig gebaut, ich verschwand buchstäblich in seinen Armen. Hin und wieder hauchte er mir einen Kuß auf die Wange. Eine Melodie blieb mir besonders in Erinnerung. »Beautiful Sunday«, was wirklich genau auf diesen Tag zutraf. Der Mann wurde Kunde in meinem Salon. Eines Tages teilte er mir voller Freude mit, daß er Vater geworden war. Ich gratulierte ihm von ganzem Herzen. Gelegentlich schmuste er ein bißchen mit mir. Ich fand es viel erregender, als wenn wir miteinander geschlafen hätten. Zu jener Zeit brauchte ich Zärtlichkeit mehr als Sex. Ich hatte wieder Probleme mit meinem Ich, und oft lebte ich zurückgezogen und verschlossen. Rolf kannte mich lange und gut genug – er ließ mich gewähren oder suchte das Gespräch mit mir. Oft redeten wir stundenlang, jedoch ergebnislos. Rolf konnte meinen Wunsch, eine Frau zu sein, einfach nicht verstehen.

Wie schon so oft in der letzten Zeit, hatte ich wieder einmal eine schwere Angina. Der Arzt riet mir zu einer Operation, und wir vereinbarten einen Termin. Er beruhigte mich, eine Mandeloperation sei heute wirklich keine große Sache mehr. Ein paar Wochen später meldete ich mich zum vereinbarten Termin im Krankenhaus. Während der Operation kam es zu Komplikationen. Ich hatte einen Herzstillstand. Wie es dazu gekommen war, konnte mir nachher niemand sagen. Als ich aus der Narkose aufwachte, fühlte ich mich hundeelend und schwach. Alles tat mir weh, und wenn ich aus dem Bett wollte, konnte ich das nicht ohne fremde Hilfe. Die Beine trugen mich nicht. Wie froh war ich, als es mir von Tag zu Tag besser ging. Als ich entlassen wurde, war ich immer noch geschwächt, und Rolf umsorgte mich wie ein Krankenpfleger.

Ich erholte mich rasch wieder und begann Rolf mit allerlei unnötigen Dingen aufzuregen. Ich war einfach unglücklich und unzufrieden mit meinem ganzen Dasein. Mein Wunsch, eine Frau zu werden, begann ihn zu nerven. Er versuchte mir das alles auszureden, doch der Wunsch hatte sich in meinem Kopf eingebrannt. Das Zusammenleben mit Rolf wurde immer schwieriger, ständig suchte ich Streit, um meine Unzufriedenheit loszuwerden, und Rolf rettete sich, indem er über die Wochenenden immer öfter verreiste.

Ich spürte, daß ich ihn verloren hatte und das Ende nicht mehr aufzuhalten war. Zudem erfuhr ich, daß er seine Wochenenden mit einem jungen Mann aus der Nachbarschaft verbrachte – das war das Ende einer langen Beziehung. Wir trennten uns im Frieden, teilten die Sachen untereinander auf, den Hund wollte er behalten.

Ich gab mein Geschäft auf, ich wollte ein kleineres finden. Im Niederdorf fand ich einen kleinen Salon mit angrenzender Wohnung. Privat geriet ich total aus dem Gleichgewicht. Ich begann zu trinken. Bald zeigten sich die Folgen auch im Geschäft. Am Morgen verschlief ich immer öfter und wurde unzuverlässig. Abends ließ ich mich zu den wildesten Festen einladen, besuchte Homosaunas oder auch Gruppensex-Parties, und all dies konnte ich nur ertragen, weil ich ständig angetrunken war. Nüchtern hielt ich mein Leben gar nicht mehr aus.

Wieder war es Rolf, der mir half, als er hörte, was ich für ein unmögliches Leben führte. Er kam mich besuchen und gab mir Geld für einen Hund. Offenbar erkannte er meine tiefe Einsamkeit trotz meines wilden Lebens. Eine feste Beziehung wollte ich nicht mehr eingehen. Früher oder später würde sie ohnehin wieder scheitern, das wußte ich.

In einem Zwinger in Burgdorf fand ich einen jungen Wippet-Windhund. Von all den süßen, kleinen Hundebabys hatte es mir dieses Weibchen angetan. Es blieb ruhig bei mir im Arm liegen. Farblich widerspiegelte dieser kleine Hund mein Leben: Er war schwarz mit ein paar weißen Flecken. Wegen dieser nicht besonders gefragten Farbzeichnung wäre er eingeschläfert worden. In Mode waren gestromte Hunde. Ich wollte keinen modischen Hund. Ich wollte einen Hund zum Liebhaben. Deshalb nannte ich ihn L'amour. Der kleine Hund gab mir das Verantwortungsgefühl, das ich verloren hatte, wieder zurück.

In meinem neuen Geschäft im Niederdorf konnte ich trotz meiner anfänglichen Schwierigkeiten gut Fuß fassen. Meine Kunden hielten mir die Treue und waren nicht weggeblieben. Hinzu kamen zahlreiche neue. Ich konnte also auch allein für mich sorgen. Obwohl ich nicht gerade auf Rosen gebettet war, durfte ich zufrieden sein. Aufgrund der Lage des Salons waren unter den neuen Kunden viele Freudenmädchen und Zuhälter. Darunter waren ganz vernünftige Typen. Aber natürlich gab es auch andere. Die Männer wollten fast alle den gleichen Haarschnitt – oben kurz und im Nacken sehr lang. Diesen Haarschnitt nannte man Löwenkopf, und gar mancher fühlte sich auch entsprechend. Um die Frisur noch attraktiver zu machen, wurden oben einige Haarsträhnchen gebleicht. Diese Männer waren ausnahmslos sehr eitel. Ihr Äußeres war für sie von größter Bedeutung. Manche ließen sich täglich bei mir frisieren. Bei den Mädchen war es genauso. Schließlich war Schönheit ihr ganzes Kapital.

Manchmal erzählten sie mir die unglaublichsten Geschichten, die sie mit ihren Freiern erlebt hatten. Eine fand ich besonders amüsant. Ein Mädchen stand auf der Straße auf seinem Standplatz. Sie hatte an jenem Tag noch überhaupt nichts verdient, war deshalb nervös und fror auch, denn es war Winter. Plötzlich bremste ein Auto neben ihr, sie wurde von zwei Männern englisch angesprochen. Obwohl sie kein Englisch konnte, wurden sie schließlich einig. Sie boten ihr zweitausend Dollar für mehrere Stunden. Sie stieg zu ihnen ins Auto und fuhr mit ihnen in ihre Absteige. Der Abend war gerettet, es war bereits elf Uhr. Wie abgemacht, erhielt sie das Geld. Sie zog sich aus und bediente die beiden Gäste. Sie gab sich alle Mühe, die beiden zufriedenzustellen, die Bezahlung war ja auch fürstlich. Nach etwa eineinhalb Stunden, als sich die Männer verabschieden wollten, lud sie die beiden zu einem Drink ein, sie hatte ja jetzt genug verdient. Selbstverständlich spendierte sie den beiden alle Drinks, sie fühlte sich wie eine kleine Königin. Schließlich verabschiedeten sich die zwei, und auch das Mädchen, das einen rechten Schwips hatte, war müde und ging nach Hause. Gleich am nächsten Tag wollte sie die Dollars auf der Bank wechseln. Nonchalant reichte sie dem Schalterbeamten, der sie gut kannte, das Geld über den Tisch. Doch statt das Geld zu wechseln, fing der an zu lachen. Sie begriff nicht sofort, und ihr wurde mulmig zumute. Dann zeigte ihr der Schalterbeamte die Rückseite der Scheine. Dort war quer über die ganzen Scheine zu lesen: »Play Money«. Nun mußte auch sie lachen. Weil sie sich das Geld am Vorabend nicht richtig angeschaut hatte, waren die beiden Amerikaner gratis zu einem lustigen Abend gekommen.

Einem anderen Mädchen stieß etwas viel Schlimmeres zu. Als sie zu einem Freier ins Auto gestiegen war, um mit ihm in ihre Absteige zu fahren, schlug er in rasanter Fahrt einen ganz anderen Weg ein. Sie bekam solche Angst, daß sie aus dem fahrenden Auto sprang. Schwerverletzt blieb sie liegen, er aber fuhr weiter. Sie kam erst im Krankenhaus wieder zu sich und mußte zwei Monate dortbleiben. Das Erlebnis wurde zu einem solchen Trauma für sie, daß sie seither nie wieder zu einem Fremden ins Auto gestiegen war.

Nach Geschäftsschluß führte ich immer meinen kleinen Hund aus. Oft hatte ich keine Lust, für mich allein etwas zu kochen, und aß dann im Restaurant. Montags hatte ich mein Geschäft geschlossen und somit einen freien Tag. Meinen Hund konnte ich einer Freundin bringen, wenn ich etwas Besonderes vorhatte.

Bald war wieder Fastnacht in Zürich, und ich überlegte mir, wen ich dieses Jahr darstellen wollte. Der Zufall kam mir zu Hilfe. Im Fernsehen sah ich eines Abends eine Show aus Paris. Der große Star war eine Sängerin, eingehüllt in Rüschen und Federn – genau das, was mir gefiel. Ihr Name war Zizi Jeanmaire, und mit ihrem Lied »Mon truc en plumes« versprühte sie viel Temperament und Charme. Nebst ihrem Federkleid schleppte sie einen Federmantel nach – so sollte mein Fastnachtskostüm werden. Das Problem für mich war jetzt nur, all diese Federn zusammenzukriegen. Viele Leute, die mich von früheren Fastnachtsfesten her kannten, waren neugierig auf mein neustes Kostüm, und ich wollte sie natürlich nicht enttäuschen. Also machte ich mich auf die Suche nach jemandem, der mir bei meinem Kostüm helfen könnte. Manchmal, wenn ich abends noch ausging, ging ich in die »Paloma-Bar«. Dort kannte ich Roy, der schon lange dort arbeitete. Roys Mutter war immer sehr unternehmungslustig, genau wie meine. Anfangs mochten Roy und ich uns nicht besonders gut leiden. Wir waren beide sehr feminin, und da entstanden heftige Rivalitäten. Roy erzählte mir, sie hätten vor, die Bar für die Fastnacht ganz toll zu dekorieren, und natürlich sollte es auch eine Maskenprämierung geben. Er hätte nur zu gern gewußt, wie ich kommen würde. Ich verriet ihm jedoch nichts.

In meinem Friseur Gilles fand ich ein echtes Talent für die Herstellung des Kostüms. Er war soeben von einem Deutschlandaufenthalt zurückgekommen, wohnte vorübergehend bei mir und half in meinem Geschäft aus. Gilles montierte die Federn gekonnt zu einem Rad, dann färbte er mir eine Perücke schwarz ein, und ich machte einen Kurzhaarschnitt à la Zizi Jeanmaire. Bei der Hauptprobe des Kostüms, am Abend vor der Fastnacht, staunten wir beide, wie toll uns alles gelungen war, und wir waren sehr stolz auf unser Werk. Die Leute würden auch dieses Jahr wieder staunen. Schon am Morgen hörte ich Guggenmusiken durchs Niederdorf ziehen. Ich mußte jedoch noch hart arbeiten an diesem Tag. Fastnacht war in meinem Geschäft Hochbetrieb. Die meisten Männer kamen an diesem Tag zu mir, um sich mit Schminke und Frisuren in attraktive Frauen verwandeln zu lassen. Es wurde viel gelacht und auch mal ein Glas Wein getrunken. Es herrschte immer eine Bombenstimmung. Aus Pierre wurde Pierrette, aus Hans Hanna und aus Heinz Amanda. Wenn die Damen dann meinen Laden wieder verließen, gab's auf der Straße viel Gelächter und auch Pfiffe von anderen Männern. Doch für einmal war es nicht böse gemeint. Natürlich konnten die Damen nicht perfekt auf ihren hohen Absätzen einherstolzieren. Nicht selten trat eine neben die Schuhe. Andere mußten furchtbar aufpassen, um nicht zu stolpern. Wäre eine gar hingefallen, wäre die Blamage perfekt gewesen.

Endlich war Feierabend, und auch ich konnte mich

zurechtmachen. Ich schminkte mich sorgfältig, zog mit dem Eyeliner einen gekonnten Strich und klebte übergroße Wimpern darüber. Mit Wangenrouge, Lippenstift und Puder perfektionierte ich mein Make-up und stülpte dann die Perücke über. Nun stieg ich ins Kostüm. Das war gar nicht so einfach. Ich hatte etliche Mühe, bis alle Rüschen und Federn richtig plaziert saßen. Als tolle Zizi Jeanmaire stürzte ich mich im Niederdorf in den Fastnachtstrubel. Wo ich auch hinkam, der Erfolg war mir sicher. Ich erhielt überall Komplimente, und jede Menge Champagner wurde mir spendiert. Alles lief nach Wunsch. Ich fühlte mich als Frau und wurde auch so behandelt. Am späteren Abend erreichte ich das »Palomas«. Das Lokal war hoffnungslos überfüllt, und mit all meinen Federn hatte ich echte Probleme, mich durch die vielen Leute zu schlängeln. Plötzlich entdeckte ich Roy. Er hatte sich als Supergirl zurechtgemacht, tänzelte durch das Lokal und nannte sich »Lola«. Den Gästen gefiel das Spiel, und alle riefen ihn auch »Lola«.

Da es schon spät war, stand die Maskenprämierung bevor; also Bühne frei für die schönsten Kostüme. In diesem Homolokal waren natürlich alle als große Damen aufgemacht und präsentierten sich auch dementsprechend auf der Bühne. Da wurde mit den Hüften gewackelt, Beine wurden gezeigt – eine großartige Parade damenhafter Eleganz. Natürlich gab ich dem Discjockey meine Zizi-Jeanmaire-Kassette für meinen Auftritt.

Als ich an der Reihe war, spielte ich die Show so perfekt, daß ich beinahe selbst glaubte, Zizi zu sein. Die Gäste schrien und klatschten mir Beifall. Ich war total in meinem Element. Lange genug hatte ich zu Hause vor dem Spiegel alle Bewegungen von Zizi geprobt. Nach der Show wartete ich gespannt auf die Rangverkündung. Lola alias Roy huschte an mir vorbei und flüsterte mir zu, daß ich die Gewinnerin sei. Bald darauf wurde ich aufgerufen, auf die Bühne gebeten, und man überreichte mir einen großen Blumenstrauß. Dazu erhielt ich als Siegerpreis einen Gutschein für ein Abendessen zu zweit in einem bekannten Restaurant. Lola küßte mich auf die Wangen, und ich mußte meine Show nochmals vortragen. Dabei fühlte ich mich wie eine Königin. Alle beglückwünschten mich, und für den Rest der Nacht wurden mir alle Drinks spendiert.

Bald einmal nach der Fastnacht zog Roy nach Deutschland, wo er in einer Travestieshow arbeitete. Er nannte sich Rose Senders und brachte es bis zu einer eigenen Show im Berliner Kabarett »Chez nous«. Rose Senders machte eine erfolgreiche Karriere als Superfrau. Als ich sie später in einem Auftritt in Zürich sah, war ich von ihrer Gewandtheit und Perfektion völlig verblüfft. Natürlich traf ich Rose nach ihrem Auftritt, und wir unterhielten uns über alles mögliche, Rose war es müde, weiter in der Welt herumzureisen. Sie hatte es satt, weiter als Frau aufzutreten. Sie wollte wieder Roy werden und in einer Bar als Barkeeper arbeiten. Wir sahen uns auch später noch gelegentlich, und immer wechselten wir ein paar Worte.

Bei schönem Wetter zog es mich ins Strandbad Tiefenbrunnen. Ich liebte die Sonne und traf dort meistens Bekannte von mir. Manchmal spielten wir zusammen Karten, oder wenn keiner Lust hatte, lagen wir einfach faul an der Sonne und ließen uns bräunen. Manche suchten ein schnelles Abenteuer, spazierten herum, und wenn sie jemanden gefunden hatten, liebten sie sich auf die Schnelle in der Dusche oder in der Umkleidekabine. Mir sagte das nicht zu. Ich wollte eine Liebesnacht mit allem Drum und Dran, und dafür war ich auch bereit zu warten.

Wie der Zufall so spielt, war ich wieder einmal im Strandbad, nicht mit den andern zusammen, sondern allein etwas abseits. An dem Tag ging es mir nicht besonders gut. Das Alleinsein machte mir doch mehr Mühe, als ich anfangs gedacht hatte. Ich wollte ein bißchen schlafen und dann lesen. Ich verschlang Kitschromane in Mengen und lebte so mit, daß ich dabei sogar weinen konnte. Nach einer Weile richtete ich mich auf, um mich etwas umzusehen. Das Bad hatte sich stark gefüllt, es war ein heißer Sommertag. In meiner Nähe lag ein Mann mit dem Rücken zu mir, der mir gefiel. Ich wartete jedoch vergeblich, bis er sich umdrehen würde. Nach einer Weile legte ich mich wieder hin und wollte weiterlesen, doch ich konnte mich nicht mehr konzentrieren. Also legte ich mich auf den Bauch, um mich zu bräunen. Dabei muß ich eingeschlafen sein, denn als ich wieder aufwachte, war der Mann weg. Ich sah mich um, konnte ihn aber nirgends mehr entdecken. Also stand ich auf und ging ins Restaurant, ich hatte Hunger und Durst. Unterwegs grüßten mich verschiedene Bekannte. Im Restaurant setzte ich mich an einen freien Tisch. Gleich darauf nahm am Nebentisch ein Mann Platz und sah mir direkt ins Gesicht. Ich fühlte mich verunsichert wie schon lange nicht mehr. Irgendwie kam er mir bekannt vor. Bestimmt hatte ich ihn schon irgendwo gesehen. Tapfer hielt ich seiner Musterung stand, er sollte nicht merken, daß ich mich unsicher fühlte. Plötzlich erkannte ich ihn – es war der »hellblaue Anzug« vom Zürcher Modeball. Bevor ich fertig gegessen hatte, stand er auf und verließ das Restaurant. Sofort bezahlte ich und hoffte, ihn noch zu finden. Er saß auf seinem Platz und las. Ich ging dicht an ihm vorbei und sah ihn an. Er blickte von seiner Zeitung auf und sprach mich an. Wir unterhielten uns eine Weile. Dann schlug er vor, ich solle doch meine Sachen holen und mich zu ihm setzen. Das mußte er mir nicht zweimal sagen. Er half mir sogar, meine Sachen zu holen. Er gestand mir, mich im Restaurant gleich erkannt zu haben, und erzählte mir aus seinem Leben. Er hatte sich von seiner Frau scheiden lassen. Es hatte zu viele Schwierigkeiten gegeben, weil er sich gelegentlich auch mit Männern abgegeben hatte. Ich erzählte ihm, daß ich nicht mehr mit meinem Freund zusammen war. Wir unterhielten uns über dies und jenes. Er war sehr intelligent. Bestimmt hatte er auch einen interessanten Beruf. Bevor wir nach Hause gingen, wollten wir noch auf einen Drink irgendwohin gehen. Ich fühlte mich sehr stolz in seiner Begleitung.

Mit seinem Auto, einem schicken Kabrio, brachte er mich dann nach Hause, lud mich aber für später zum Essen ein. Wir verabredeten uns für neun Uhr. Mir blieb gar nicht mehr viel Zeit, bis er mich wieder abholen würde. Also raste ich in meine Wohnung, duschte und ölte mich sorgfältig von Kopf bis Fuß ein. Ich zog ein rotes Seidenhemd und einen hellen, leichten Sommeranzug an. Ich kämmte mich und tuschte mir ganz leicht die Wimpern. Kritisch betrachtete ich mich im Spiegel: vielleicht ein wenig zu feminin, doch ich war zufrieden, ich gefiel mir. Pünktlich um neun Uhr klingelte er. Ich öffnete das Fenster und rief ihm zu, daß ich gleich kommen werde. Aufgeregt verließ ich meine Wohnung und wünschte mir, einen schönen Abend mit diesem Mann verbringen zu können. Roland war anders als alle Männer, die ich bisher gekannt hatte, das spürte ich. Als ich aus der Haustür trat, sahen die Leute vom Restaurant vis à vis neugierig zu mir herüber.

Ich war noch nie mit einem so teuren Auto abgeholt worden. Galant öffnete mir Roland die Autotür, und ich stieg stolz ein. Zufälligerweise trug auch er einen hellen Sommeranzug, was seine Männlichkeit noch besser zur Geltung brachte. Liebenswürdig begrüßte er mich. Ich fand ihn sehr charmant. Wir fuhren los, begleitet von den Supremes mit »Stop in the name of love«. Ich hoffte, diesen Abend eine neue Liebe zu finden.

Wir fuhren entlang dem Seeufer nach Stäfa. Dort war in einem exklusiven Restaurant ein Tisch für uns reserviert. Vom Tisch aus sah man direkt auf den See. Es war ein wundervoller Abend. Offensichtlich kannte man ihn, denn wir wurden sehr zuvorkommend bedient. Er erzählte mir ungezwungen aus seinem Leben, unter anderem auch von zwei kurzen Sexabenteuern mit jungen Männern. Er könne sich eine längere Freundschaft durchaus vorstellen, sagte er, und würde sich das auch wünschen. Allerdings müßte es ein femininer Typ sein. Es war nicht schwer zu erkennen, was er damit sagen wollte. Ich gab ihm zu verstehen, daß ich nicht bereit sei, Abenteuer Nummer drei zu werden. Er schaute mich einen Moment lang an, dann wurde auch schon das Essen aufgetragen. Die Antwort blieb er mir schuldig. Das Essen war einzigartig: Chateaubriand und zur Nachspeise Mousse au chocolat, dazu Kaffee mit Grand Marnier. Roland war Direktor und viel auf Reisen. Sein Leben klang faszinierend.

Die Zeit verflog, schon war es Mitternacht. Er bezahlte die Rechnung und fuhr mich nach Zürich. Dort wollten wir in einem kleinen Nachtlokal am Bellevue noch eine Flasche Champagner trinken. Auch hier war er offenbar Stammkunde, alle begrüßten ihn, und wir bekamen einen

Tisch in einer Nische. Dem Kellner teilte er diskret mit, daß er heute keine Damen wünsche, doch solle er Sarah auf seine Rechnung eine Flasche Champagner bringen. Er sprach sehr leise und glaubte, ich hätte es nicht gehört.

Später, als diese Sarah, eine Striptease-Tänzerin, auftrat, beobachtete ich sie natürlich ganz genau. Sie trug ein paillettenbesticktes Kleid mit weißen Federn, und als sie dann zum Schluß nackt auf der Bühne stand, mußte ich zugeben, daß sie eine sehr schöne Frau war. Die Eifersucht kroch in mir hoch. Am liebsten wäre ich weggelaufen. Ich ließ mir jedoch nichts anmerken. Ich hatte ja kein Recht, eifersüchtig zu sein. Er hatte mir ja selbst erzählt, daß er eigentlich Frauen vorzog. Die Eifersuchtskrise verging, und ich konnte seine Gegenwart, die Ambiance und den Champagner wieder genießen. Er gab sich große Mühe, mich zu verwöhnen.

Als das Programm zu Ende war, brachte er mich nach Hause. Zum ersten Mal nahm er mich in die Arme, schaute mir in die Augen und versprach mir, mich am nächsten Tag anzurufen. Ich stieg aus dem Auto, warf ihm eine Kußhand zu, dann brauste er davon. Glücklich wie schon lange nicht mehr, betrat ich die Wohnung. Bevor ich einschlief, durchlebte ich in Gedanken noch einmal den ganzen Abend – ich war mir nicht sicher, ob er mich wirklich anrufen würde.

Hin- und hergerissen zwischen Zweifel und Hoffnung, hütete ich drei Tage lang das Telefon. Jedesmal, wenn es klingelte, schreckte ich hoch. Dann endlich war *er* am Apparat und versprach mir, mich am Abend am Limmatquai abzuholen. Vor Aufregung konnte ich anschließend kaum mehr arbeiten. Ich konnte den Feierabend fast nicht erwarten. Endlich war es soweit, ich konnte mein Geschäft schließen. Viel zu früh stand ich am Limmatquai bereit. Als er endlich kam, war ich froh und stieg in sein Auto. Er hatte Karten fürs Bernhard-Theater: *Hochzeit in Hägglingen*. Das tolle daran war, daß das Publikum am Hochzeitsessen teilnehmen konnte. Diese Aufführung war ein Riesenspaß.

Anschließend wollten wir in eine Bar gehen, wo er die Bardame kannte. Ich wurde unsicher, denn ich wußte und spürte, wie mich die Leute einstuften. Auf keinen Fall wollte ich, daß mich jemand auslachte, weil ich in seiner Begleitung war. Meine Angst war vergeblich gewesen, niemand kümmerte sich darum. Die Bardame an der Theke unterhielt sich freundlich mit uns. Als er mich dann nach Hause brachte, gab er mir die Telefonnummer seines Büros, und zwar die Direktwahl. Nun konnte ich ihn tagsüber anrufen, wann ich wollte. Der Zettel brannte wie Feuer in meiner Hand. Ich hatte mich bis über beide Ohren in ihn verliebt. Dabei wußte ich noch nicht einmal, ob er auch zärtlich sein konnte.

Nun unterhielten wir uns zweimal im Tag am Telefon. Das waren bereichernde Momente in meinem Tagesablauf. Erst am Samstag wollten wir uns wiedersehen. Wir trafen uns in einer Bar. Er wartete bereits. Ich glaube, er sah mir schon beim Eintreten an, daß ich verliebt war. Er war viel zurückhaltender. Viele Leute kannten ihn ja auch, und er konnte nicht immer so sein, wie er wollte. Für mich spielte das keine Rolle, Hauptsache, ich konnte mit ihm zusammensein.

Nach einem guten Essen schlug er mir vor, in ein Travestielokal zu gehen. Mich interessierte es, das Lokal kannte ich noch nicht. Die Show war erregend neu für mich, zum Teil aber auch so lustig, daß wir Tränen lachten. Bei Lokalschluß fragte er mich, ob ich bei ihm schlafen wolle. Ja, das wollte ich wirklich.

Wir fuhren bei meiner Wohnung vorbei; ich mußte meinen Hund holen, er sollte wissen, daß der Hund zu mir gehörte. Da er sehr tierlieb war, gewann er die Zuneigung meines Hundes im Handumdrehen.

Auf dem Weg zu ihm goß es wie aus Kübeln. Er wohnte am rechten Zürichseeufer an der »Goldküste«. Seine Wohnung war überwältigend, eine 5-Zimmer-Maisonnette mit einer großen, überdachten Terrasse. Die Einrichtung paßte zu seinem Lebensstil: elegant und großzügig. In der ganzen Wohnung waren Statuen aufgestellt. Er war ein leidenschaftlicher Sammler und brachte sie aus der ganzen Welt nach Hause. Sie wirkten zum Teil sehr exotisch auf mich.

Roland hatte im Kamin Feuer gemacht, und meine Hündin legte sich davor und genoß die wohlige Wärme, die sich nun im ganzen Raum ausbreitete. Roland holte eine Flasche Sekt und füllte zwei Gläser. Das kalte Getränk rann prickelnd meine Kehle hinunter. An diesem Abend fühlte ich zum ersten Mal eine Angst in mir aufsteigen, mit einem Mann zu schlafen. Ich ließ mir nichts anmerken, und Roland wollte, daß ich meinen Kopf an seine Schulter legte. Im Zimmer herrschte eine merkwürdige Stimmung. Das Feuer im Kamin knisterte, einmal laut, dann wieder leise. Ich sah dem Feuer zu, und meine Spannung wuchs. Was würde wohl mit uns beiden geschehen? Roland streichelte mir übers Haar, und ich schmiegte mich eng an ihn, sein Körper war warm und weich. Ich legte mich vor dem Kamin auf den Boden, und Roland folgte mir. Er beugte sich über mich, ich umfaßte seinen Nacken und zog ihn zu mir. Als ich seine Lippen spürte, küßte ich ihn sanft, und er hielt ganz still. Nun liebkoste mich Roland sehr zärtlich am Hals und an meinem Ohr, und endlich suchte er meinen Mund. Sein Kuß war tief und innig. Ich gab mich ihm hin, wie ich es noch nie zuvor bei einem Mann versucht hatte. Für ihn war ich eine maskuline Frau. Er spielte mit meinem ganzen Körper und lehrte mich eine neue Art zu lieben. Als er von hinten in mich eindrang, verspürte ich einen kurzen Schmerz, doch er war so behutsam, daß sich meine Verkrampfung sofort löste. Roland trug mich in den Himmel der Erfüllung.

Später lagen wir ruhig nebeneinander, im Zimmer war nur das Zischen des Feuers und unser Atem zu hören. Wir tranken noch ein Glas Sekt, bevor wir uns schlafen legten. Roland küßte mich immer wieder. Er war der zärtlichste Liebhaber, den ich je erlebt hatte. Eine ganz besondere Beziehung begann in jener Nacht.

Da er viel auf Reisen war und auch oft im Ausland, flog ich manchmal übers Wochenende zu ihm. Roland war sehr großzügig und sandte mir jeweils ein Flugticket. Wir verbrachten eine wunderschöne Zeit zusammen.

Zu meinem achtundzwanzigsten Geburtstag schenkte mir Roland einen Brillantring. Bei einem Spaziergang an der Bahnhofstraße hatten wir ihn in einem Schaufenster entdeckt. Er gefiel uns beiden auf Anhieb. Der Stein war in Weiß- und Gelbgold gefaßt und paßte mir wie angegossen.

Am Abend gingen wir groß aus, erst zu einem tollen Essen und später in ein Travestielokal. Dort traf ich ein paar Bekannte und zeigte ihnen voller Stolz mein Geburtstagsgeschenk. Von allen Seiten wurde ich beglückwünscht und bestimmt auch beneidet. Roland spendierte noch eine Runde Champagner, und für die Hungrigen gab's Kanapees. Lange nach Mitternacht verabschiedeten wir uns und gingen zu ihm nach Hause. Zu Hause nannte ich ihn jetzt immer Cherie, wir hatten inzwischen schon sehr oft miteinander geschlafen. Meine Faszination für ihn war jedoch noch genauso groß wie am Anfang unserer Beziehung. Roland liebte mich als Frau, ihn zog meine Zierlichkeit an. Mit einem richtigen Kerl würde er nie ins Bett gehen. Frauen hingegen liebte er sehr. Ich wußte auch, daß er auf Reisen mit Frauen zusammen war. Ich akzeptierte das, denn ich sagte mir, mit ihnen ist es Sex, mit mir aber Liebe. Nach meinem Geburtstag, wir saßen auf der Terrasse, fragte er mich, ob ich glücklich und zufrieden sei. Dies konnte ich nur bejahen. Roland lachte verschmitzt, nahm mich in die Arme, und in dieser Nacht liebten wir uns auf der Terrasse, in einer warmen Sommernacht bei Mondschein – ein wunderschönes Erlebnis. Es wurde bereits hell, als wir uns ins Bett legten.

Am Abend machten wir uns etwas zu essen, viel Hunger hatten wir nicht. Cherie wollte noch verschiedene Büroarbeiten für den kommenden Tag vorbereiten. Am nächsten Morgen früh mußte er nach Rom fliegen. Ich sah mir im Fernseher noch einen Film an.

Als ich am nächsten Morgen aufwachte, war Cherie bereits weg. Auf dem Küchentisch lag ein Zettel – er werde mich am Abend anrufen. Einen Schlüssel zu seiner Wohnung besaß ich schon lange und konnte ein- und ausgehen, wie ich wollte.

Drei Monate nach meinem Geburtstag eröffnete mir Cherie, daß er wieder nach Rom fliegen müsse, und zwar für eine ganze Woche. Er fragte mich, ob ich mitkommen wolle. Das war natürlich eine tolle Sache. In meinem Geschäft hatte ich eine sehr zuverlässige Friseuse, die mich vertreten konnte. So stand meinem Glück nichts mehr im Wege. Zwei Tage später flogen wir Richtung Süden. Im Flugzeug saßen wir in der ersten Klasse. Die Sessel waren weich gepolstert und der Service perfekt. In Rom bestiegen wir ein Taxi, das uns in die Nähe des Petersplatzes brachte. Ich war beeindruckt von der Größe des Platzes und der Kirche im Hintergrund. Wir wohnten in einer hübschen Wohnung, die ein Bekannter Cherie zur Verfügung gestellt hatte. Die Haustür sah aus wie eine Stalltür. Die Küche war klein, aber nett eingerichtet, und das Schlafzimmer erreichte man über eine Wendeltreppe. Cherie erzählte mir, daß die Wohnung früher als Liebeslaube für Verheiratete gedient habe. Auch für uns wurde sie ein schönes Liebesnest für wundervolle Tage.

Tagsüber, wenn Cherie bei der Arbeit war, flanierte ich durch die Gassen Roms. Die Sehenswürdigkeiten waren wirklich eine Reise wert. Im stillen hoffte ich immer, eine berühmte Filmschauspielerin aus der Schweiz zu sehen, von der ich wußte, daß sie in Rom lebte. Leider hatte ich kein Glück, ich sah auch sonst keine Prominenten, nicht einmal abends, wenn wir für einen Drink in die Via Veneto gingen. Auffallend waren die vielen, schönen Boutiquen mit all den ausnahmslos schicken Modellen – das war echte Mode. Ich suchte jedoch etwas ganz anderes, ich suchte eine hübsche Statue für meinen Cherie. Wer sucht, der findet. In einer kleinen Seitenstraße fand ich genau das Richtige. Leider war das Geschäft schon geschlossen. Am nächsten Tag wollte ich meinen Cherie jedoch mit der Statue überraschen. Ich nahm ein Taxi und hoffte, daß ich das Geschäft wiederfinden würde und die Statue noch dort war. Ich hatte großes Glück. Ich fand den kleinen Laden wieder und machte dem Taxifahrer klar, er solle auf mich warten. Eine nette Dame bediente mich. Ich zeigte auf die Statue, ich wollte sie in die Hand nehmen. Sie holte die Figur aus dem Schaufenster, und ich konnte sie aus der

Nähe betrachten. Die Statue war aus Bronze und sehr schwer und für mein Portemonnaie kaum zu bezahlen. Ich mußte jedoch nicht lange überlegen. Ich wollte diese Statue, koste es, was es wolle. Ich wollte ein schönes Geschenk für Cherie. Schließlich war er mehr als großzügig zu mir. Die Dame packte mir die Figur in eine schöne Schachtel, und mit dem Taxi ließ ich mich in die Wohnung zurückbringen.

Dann wartete ich gespannt auf Cherie, ich konnte es kaum erwarten, bis er kam. Wir begrüßten uns herzlich mit einem Kuß, dann legte ich ihm die Schachtel mit der Figur auf die Knie. Überrascht schaute er mich an. Ich ermunterte ihn, die Schachtel zu öffnen, und war sehr aufgeregt.

Die Überraschung war gelungen. Er freute sich riesig über die Statue, und den ganzen Abend über schaute er sie immer wieder an. Natürlich war mir Cherie besonders lieb an diesem Abend.

Am letzten Abend wollte ich unbedingt noch den Trevi-Brunnen besuchen. Einem alten Brauch entsprechend, stellt man sich mit dem Rücken zum Brunnen, wirft eine Münze ins Wasser und wünscht sich dabei etwas. Wenn man fest daran glaubt, muß der Wunsch in Erfüllung gehen, und man wird irgendwann im Leben nach Rom zurückkehren.

Ich hatte nur einen Wunsch: Ich wollte eine Frau sein. Damals erschien mir dies noch sehr unrealistisch, obwohl ich unterdessen gelesen hatte, daß eine solche Operation möglich war. Die Operation wurde in den USA erfolgreich durchgeführt. Für meine Verhältnisse in der Schweiz lag dies alles jedoch in weiter Ferne. Ich kannte niemanden, der diese Umwandlung bereits hinter sich gehabt hätte. Die Woche in Rom war einfach traumhaft schön gewesen.

Ich konnte nicht ahnen, daß Cherie dies gezielt geplant hatte.

Zu Hause angekommen, lief alles bestens. Meine Friseuse hatte sich in meiner Abwesenheit sehr viel Mühe gegeben, die Kunden waren alle zufrieden. Es waren sogar neue Kunden gekommen.

Cherie war nun sehr viel im Ausland. Er war fast nie in der Wohnung, und allein ging ich auch nicht hin. Allmählich fiel mir auf, daß er kaum Zeit für mich aufbrachte, auch wenn er hier war. Ich wurde mißtrauisch. Eines Tages nahm ich deshalb ein Taxi und fuhr zu seiner Wohnung. Ich wußte, daß er zu Hause war. Die Wohnungstür war abgeschlossen, doch der Schlüssel steckte nicht im Schloß. Ich nahm meinen Schlüssel aus der Tasche, schloß leise auf und betrat die Wohnung. Aus dem Schlafzimmer hörte ich Musik. Ich hatte Herzklopfen und betete still: »Laß meine Ahnung nicht wahr sein.« Ich ging zum Schlafzimmer, ich wollte Gewißheit haben. Die Tür stand halb offen. Was ich zu sehen bekam, ließ mich erstarren. Cherie lag mit einer Frau im Bett. Beide waren so beschäftigt, daß sie mein Eintreten erst gar nicht bemerkten. Ich stand nur da, und Tränen schossen mir in die Augen. Mein Cherie liebte eine Frau vor meinen Augen. Mir war, als ob mein Herz zerspringen würde, und ich schluchzte laut auf. Da bemerkten mich die beiden. Die Frau deckte sich mit dem Bettlaken zu, und Cherie stieg aus dem Bett und kam auf mich zu. Sein Körper war schweißnaß und sein Glied erregt. Ich hatte für einen Moment das Gefühl, als ob mich sein erregtes Glied auslachen würde. Er schob mich ins Wohnzimmer nebenan, und ich weinte bitterste Tränen. Ich stammelte immer wieder: »Warum hast du das getan?« Die Antwort kannte ich längst. Ich hatte mich selbst belogen. Er versuchte, mich zu trösten, und redete auf mich ein. Als alles nichts nützte, ließ er mich abrupt stehen und meinte kühl: »Bloß kein Theater mehr in meiner Wohnung!« Dann zog er sich ins Schlafzimmer zurück. So kannte ich ihn gar nicht. Ich rauchte ein paar Zigaretten, um mich zu beruhigen. Später kamen beide ins Wohnzimmer, Cherie stellte mir die Frau vor und erklärte mir, daß sie bald heiraten würden. Ich hatte keine einzige Träne mehr, mein ganzer Körper war stumpf und leer. Die Frau gab sich große Mühe, freundlich zu mir zu sein. Sie wußte von Cherie, daß wir befreundet waren. Sie entschuldigte sich, daß ich eine so große Enttäuschung erleben müsse. Ich glaube, sie verstand meinen Schmerz. Cherie, so gestand sie mir, hätte mir schon lange die Wahrheit sagen müssen, doch er sei zu feige gewesen. Seine gesellschaftlichen Verpflichtungen hätten es erforderlich gemacht, wieder zu heiraten. Hinter seinem Rücken hätte man schon gemunkelt usw., usw. Ich hörte gar nicht mehr hin. Es interessierte mich nicht mehr. Es war wieder einmal alles kaputt. Ich hatte Cherie verloren. Eine Frau war stärker gewesen als ich. Ich gab mir einen Ruck, bestellte mir ein Taxi und verließ die beiden.

Als ich meine Wohnung betrat, war ich immer noch fassungslos und heulte wieder los. L'amour, meine Hündin, spürte mein Elend. Sie kroch ganz nah zu mir und leckte mir die Hand. Ich preßte den Hund an mich und kam mir unnütz und einsam vor. Mitten in der Nacht rief ich meine Mutter an, schlaftrunken hob sie den Hörer ab. Ich weinte nur noch und bat sie, nach Zürich zu kommen. Sie wurde sehr unruhig, und ich mußte ihr versprechen, auf sie zu warten und keine Dummheiten zu machen. Sie hatte ja auch schon allerhand erlebt mit mir, und ihre Angst war nicht unbegründet.

Als sie frühmorgens in meine Wohnung kam, schlief ich noch fest. Ich hatte ja nachts nicht geschlafen. Sie weckte mich, und ich war sehr froh, meine Mutter zu sehen. Das Frühstück war schon bereit, doch ich hatte keinen Hunger. Ich trank nur einen Kaffee. Ich erzählte meiner Mutter die ganze Geschichte mit Cherie. Sie hörte mir aufmerksam zu. Mein Schmerz wich einer großen Traurigkeit. Meine Mutter fragte mich, was ich denn nun mit ihr besprechen wolle. Nachts am Telefon hatte ich das angekündigt. Ich holte einen Zeitungsartikel über einen amerikanischen Tennisspieler hervor, der sich einer Geschlechtsumwandlung unterzogen hatte und heute als Frau lebt. Sie las den Artikel durch und schaute mich ungläubig an. Ich machte ihr klar, daß dies auch mein Ziel war. Die Frau in mir sollte endlich leben.

Meine Mutter war wie vor den Kopf gestoßen. Weinend ging sie aus der Küche. Ich ließ sie allein. Ich sah ein, daß sie Zeit brauchte, um sich mit der Vorstellung auseinanderzusetzen. Ich rief meinen Hund und machte mit ihm einen Spaziergang. Als ich wieder zurückkam, wartete meine Mutter bereits auf mich und versprach mir, mich in meinem Vorhaben zu unterstützen. Dies war wie eine Erlösung für mich. Ich hatte nämlich große Angst gehabt, meine Mutter könnte meinen Wunsch, eine Frau zu werden, niemals akzeptieren. An diesem Abend fühlte ich mich frei und ruhig.

Doch es ging alles nicht so schnell, wie ich damals dachte. An meiner Überzeugung, nur als Frau mein Glück finden zu können, änderte sich jedoch nichts mehr.

Von nun an trafen mich die Leute oft in Frauenkleidern auf der Straße. Ich war wie besessen vom Wunsch, eine Frau zu sein. In einer Bar lernte ich eine äußerst attraktive Frau kennen. Wir unterhielten uns. Sie erzählte mir aus ihrem Leben und verriet mir ihr Geheimnis – sie war eigentlich gar keine Frau, sie war ein Mann. Sie lebte mit demselben Problem wie ich. Da sie aber bereits in Behandlung war, konnte sie mir gute Ratschläge geben. Sie erklärte mir, daß ich mit einer Hormontherapie anfangen müsse. Dazu sollte ich einen Arzt aufsuchen, der mich während der ganzen Umwandlungszeit begleiten und beraten würde.

Gleichzeitig warnte sie mich, ich solle mir die Sache noch einmal gründlich überlegen. Von Kolleginnen wisse sie, daß die Operation nicht immer erfolgreich verlaufe. Diese Angst hielt auch sie selbst davon ab, den letzten Schritt zu wagen. Ich schlug ihre Bedenken in den Wind. ich hatte keine Angst. Meine feste Überzeugung, daß alles klappen würde, überwog alle Befürchtungen. Fast jeden Abend saß ich nun in diesem Nachtlokal, nur um ihren

Auftritt zu sehen. Lange, braune Haare umschmeichelten ihr Gesicht. Ihre Bewegungen waren ausgesprochen graziös. Bestimmt kam niemand auf die Idee, sie könnte ein Mann sein. Ihren Penis versteckte sie zwischen den Pobacken, und vorne trug sie eine kokette Rosette – niemand konnte sehen, was ich wußte. Für jeden Auftritt bekam sie tosenden Applaus. Diese Momente waren überwältigend für mich. Meistens wurde sie nach ihrem Auftritt von eleganten Herren zu einem Glas Champagner an den Tisch gebeten. Ich war manchmal richtig neidisch. Eines Abends, ich saß wieder als Frau gekleidet in der Bar, leistete sie sich einen bösen Scherz mit mir. Unbemerkt stach sie mit einer Nadel in meine mit Wasser gefüllten Ballonbrüste. Plötzlich fühlte ich, wie es unter meinem Kleid immer nasser wurde. Sie fing an zu kichern und zu lachen und erzählte es einer anderen Tänzerin, die mich musterte und dann laut lachte. Innerlich platzte ich fast vor Wut. Sie hatte kein Recht, mich so zu demütigen. Fluchtartig verließ ich das Lokal, zum Glück wohnte ich gleich um die Ecke und konnte in der Wohnung sofort die nassen Kleider ausziehen. Völlig erschöpft setzte ich mich aufs Bett und weinte über die erlittene Schmach. Es war mehr als nur ein geplatzter Ballon.

Berauscht vom Wunsch, eine Frau zu sein, hatte ich die Realität gar nicht mehr richtig wahrgenommen. Ich hatte mir eingebildet, eine Frau zu sein. Nun hatte mich die Wirklichkeit mit einem Schlag wieder eingeholt. Meine Probleme, die ich mit allen Tricks verdrängt hatte, lagen zu meinen Füßen wie das nasse Kleid.

Das Erwachen war hart und machte mir klar, daß weder Ballonbrüste noch hohe Absätze die Lösung meiner Probleme sein konnten.

Obwohl mich diese Frau zutiefst verletzt hatte, stärkte dieser Vorfall meine Entschlußkraft, mein Ziel klarer zu verfolgen und mich nicht mehr mit Notlösungen zufriedenzugeben.

Am nächsten Nachmittag kam sie zu mir ins Geschäft. Ich empfing sie eher kühl. Sie stellte mir einen großen Rosenstrauß auf den Tisch, umarmte mich und entschuldigte sich für ihr schlechtes Benehmen.

Ich verzieh ihr, gab ihr aber zu bedenken, wie sie sich wohl fühlen würde, wenn jemand ihr Geheimnis an der Bartheke preisgeben würde. Das Ganze tat ihr sehr leid, sie hatte am Vorabend einfach zuviel Champagner getrunken. Schließlich vertrugen wir uns wieder.

In endlosen Gesprächen mit ihr wurde mein Plan, eine Frau zu werden, immer realistischer. Sie würde nie eine richtige Frau sein, weil sie Angst vor dem Unbekannten hatte. Zudem liebte sie Frauen. Damals konnte ich das nicht richtig verstehen, er oder sie war anders als ich. Trotzdem half mir der Kontakt zu ihr, meine Situation klarer zu sehen.

In der folgenden Zeit suchte ich drei verschiedene Ärzte auf und erklärte ihnen meine Situation. Keiner hatte Verständnis für meine Lage. Beim vierten Versuch, bei einem Schönheitschirurgen, fand ich schließlich Gehör. Er verabreichte mir weibliche Hormone auf Zusehen hin. Nach der ersten Hormonspritze stand ich vor dem Spiegel und suchte nach einer Veränderung meines Körpers. Doch nichts geschah. Ich wartete sehnsüchtig darauf, daß ich im Laufe der Behandlung wenigstens etwas Busen bekommen würde. Natürlich war das nicht der Fall.

Zur damaligen Zeit war dieses Thema absolut tabu.

Deshalb verriet ich niemandem, daß ich eine Hormonkur machte. Mit meinen Problemen war ich allein. Manchmal, wenn ich auf dem Bett lag, träumte ich, irgend etwas müsse passieren und ich würde als schönes Mädchen aufstehen. Das waren natürlich Wunschträume. Meine Probleme spielten sich im wirklichen Leben ab, nicht im Märchen. Alles brauchte seine Zeit. Mir wurde klar, daß dies ein langwieriger Prozeß sein würde. Doch dies auch zu akzeptieren war schwer.

Ich faßte den Vorsatz, an meinem 29. Geburtstag alle meine Freunde einzuladen, um ihnen mein Vorhaben zu unterbreiten. Bis dahin konnte ja noch viel passieren. Überraschungen gab es genug in meinem Leben. Inzwischen hatte ich auch eine klarere Vorstellung von den hohen Operationskosten. Da ich nicht soviel Geld hatte, betätigte ich mich abends nach der Arbeit als Strichjunge. Es war widerlich, doch ich brauchte das Geld. Zusätzlich arbeitete ich noch in einer Bar als Barkeeper. Ich tat alles, um die Operationskosten zusammenzukriegen. Die Krankenkasse würde nichts übernehmen.

In kurzer Zeit hatte ich ein paar Stammkunden zusammen und mußte nicht mehr auf der Straße stehen. Mit einem älteren Mann verstand ich mich besonders gut. Ihm erzählte ich meine Geschichte und mein Vorhaben. An jenem Abend verließ er mich irgendwie bedrückt, ich dachte, auch er könne mich nicht verstehen. Drei Tage vor meinem 29. Geburtstag erhielt ich eine Eilsendung. Es war ein Brief von jenem Mann.

Er wünschte mir Glück für meine Zukunft. Als Mediziner könne er mein Problem gut verstehen. Dem Brief lag ein Scheck bei, der die Operationskosten decken sollte. Nie werde ich diesen Mann vergessen, der mir so viele demütigende Abende auf der Straße erspart hat. Innerlich lehnte ich jetzt alles ab, was irgendwie mit Homos zu tun hatte. Offenbar war dies eine natürliche Reaktion auf meinen Wunsch, eine Frau zu sein.

An meinem 29. Geburtstag fand die ominöse Party statt. Eine Freundin aus dem Käseladen brachte mir eine wunderschöne Fleischplatte und belegte Brote. Auf einer andern Platte war die Zahl 29 aus Käse zu lesen. In der Bar neben meinem Geschäft trafen wir uns. Ich hatte mich sehr sorgfältig zurechtgemacht, zog meinen schneeweißen Sommeranzug an und war dezent geschminkt. Als sich die Party dem Ende zuneigte, bat ich um etwas Ruhe und eröffnete meinen Freunden mein Vorhaben. Meine Mitteilung schlug ein wie eine Bombe. Einige waren schockiert, andere einfach sprachlos. Daß ich meinen nächsten Geburtstag als Frau feiern würde, konnte sich niemand vorstellen. Ich legte alles mit großer Überzeugung dar. Niemand wagte mir zu widersprechen. Mir war jedoch klar, daß meine Eröffnung Konsequenzen haben würde. An diesem Abend sagte ich der Gesellschaft den Kampf an.

Von all meinen Freunden blieben mir schließlich noch drei, die treu zu mir hielten: meine Mutter, ein Freund und meine langjährige Freundin Mara. Mit dieser Geburtstagsparty begann ein neuer Lebensabschnitt. Zum Glück konnte ich nicht wissen, was mir noch alles bevorstand.

Zwei Tage nach meinem Geburtstag lud mich ein Ehepaar zu einer Bootsfahrt auf dem Zürichsee ein. Weit draußen genossen wir ein kühlendes Bad. Als ich wieder ins Boot steigen wollte, rutschte ich auf der kleinen Leiter aus und blieb so unglücklich darin hängen, daß ich nach hinten fiel. Ein stechender Schmerz im Oberschenkel ließ mich fast ohnmächtig werden. Die anderen brachten mich sofort ans Ufer nach Männedorf. Da ich außerstande war, auch nur zu stehen, ließen sie die Ambulanz kommen. Als mir die Sanitäter das Bein geradezogen, schrie ich auf vor Schmerz. Doch danach war es viel besser. Im Krankenhaus zeigten die Röntgenaufnahmen einen Schenkelhalsbruch, und der zuständige Arzt erklärte mir, daß eine Operation unumgänglich sei. Auf mein Verlangen hin verständigten sie meine Mutter und überführten mich in die Universitätsklinik nach Zürich.

Plötzlich fiel mir ein, daß die Operation bestimmt eine häßliche, entstellende Narbe hinterlassen würde. Ein Bekannter von mir, der eine Hüftoperation gehabt hatte, war durch eine fürchterliche Narbe so entstellt, daß er sich nicht mehr in einer Badehose sehen lassen konnte.

Immer wieder bat ich die Schwester, den Arzt zu holen. Ich geriet immer mehr in Panik. Natürlich gibt es Schlimmeres als eine Narbe, doch damals hatte das für mich eine ganz andere Bedeutung, ich wollte ja eine schöne Frau werden. Auf meine langen, wohlgeformten Beine war ich stolz, und nun kam die Gefahr, diese Beine zu verunstalten, wie ein Alptraum auf mich zu. Ich liebäugelte damals mit der Möglichkeit, später als Tänzerin zu arbeiten. Mit einer riesigen Narbe am Bein würde mein Traum platzen wie eine Seifenblase.

Endlich kam der Professor, ein liebenswerter, älterer Herr. Aufgeregt schilderte ich ihm meine Ängste. Er beruhigte mich jedoch schnell. Er versprach mir in die Hand, dafür zu sorgen, daß die Narbe klein und später kaum zu sehen sein werde. Meine Panik war durch seine ruhige Art wie weggeblasen. Kurz darauf brachte mich eine Schwester in den Operationssaal, mein Herz klopfte laut. Ein Arzt legte mir eine Kanüle am Arm und forderte mich auf zu zählen. Ich zählte und dachte, hoffentlich …

Aus der Narkose aufgewacht, wußte ich erst gar nicht, wo ich mich überhaupt befand und was passiert war. Nach und nach wurde mein Kopf klarer, und ich klingelte nach der Schwester. Ich fragte sie, ob alles gut verlaufen sei. Sie beruhigte mich, alles sei problemlos verlaufen, ich sei vom Professor persönlich operiert worden. Die Narbe war zwölf Zentimeter lang – er hatte also Wort gehalten. Entspannt schlief ich wieder ein, und als ich wieder aufwachte, saß meine Mutter am Bett. »Ja mußte dies jetzt auch noch sein«, meinte sie. Es war kein Vorwurf, es war einfach eine Feststellung, mehr wie ein Seufzer.

Wir unterhielten uns noch über einige belanglose Dinge, und sie versprach, mich am nächsten Tag wieder zu besuchen. An der Tür drehte sie sich noch einmal um und wünschte mir eine gute Nacht. Dann schloß sich die Tür hinter ihr, und ich war allein. Vorsichtig tastete ich meine Brust ab. Seit einigen Tagen fühlte ich ein merkwürdiges Ziehen. Außer leichten Schmerzen in den Brustwarzen konnte ich jedoch keine Veränderung feststellen. Ich war enttäuscht. Seit drei Monaten erhielt ich nun Hormone, und nichts geschah. Ich war mir zwar eigentlich gar nicht im klaren darüber, was hätte geschehen sollen.

Am nächsten Morgen kam der Professor mit seiner Gefolgschaft. Mein Verband wurde gelöst, die Narbe war fein und wirklich klein – ich strahlte übers ganze Gesicht. Der Knochen war zusammengeschraubt worden, und in einem Jahr mußten die Schrauben entfernt werden. Sechs

Wochen lang durfte ich mein Bein überhaupt nicht belasten. Zudem riet mir der Arzt, viel zu liegen. Normalerweise waren solche Brüche häufig bei älteren Frauen anzutreffen. Das Schicksal wollte es, daß ich diese Verletzung schon damals bekam.

Da das Unispital völlig überbelegt war, wurde ich auf meinen Wunsch ins Sanitas gebracht. Dort fühlte ich mich fast wie in einem Hotel. Toilette und Bad waren im Zimmer, sogar eine Speisekarte gab es. Auf Wunsch wurde sogar ein Fernseher im Zimmer installiert. Die Schwestern waren ausgesprochen freundlich. Besonders mit der Nachtschwester verstand ich mich sehr gut. Nach einer Woche duzten wir uns. Ines war eine gute Zuhörerin, wenn ich ihr aus meinem Leben erzählte, und sie war überzeugt, daß ich einmal eine gute Frau sein würde. Einmal sagte sie mir, ich sei jemand ganz Besonderes – diese Worte werde ich mein ganzes Leben nie vergessen.

Mit dem Arzt besprach ich auch die Weiterführung der Hormontherapie. Das war mein größtes Anliegen, und ich wollte die Behandlung keinesfalls unterbrechen oder gar gefährden. So bekam ich auch weiterhin meine Hormonspritzen.

Zwei Krücken waren nun meine täglichen Begleiter. Wenn ich aufstehen durfte, mußte ich üben, das Gleichgewicht auf einem Bein zu halten, bis ich sicher stehen konnte. Nach einer Woche schaffte ich es ziemlich gut, durfte das Zimmer verlassen und ins Krankenhauscafé gehen.

Ich rasierte mich nun nicht mehr, ließ die Bartstoppeln ein paar Tage sprießen, um sie dann mit einer Pinzette auszuzupfen. Diese Prozedur nahm jeden Tag zwei Stunden in Anspruch und war ziemlich schmerzhaft. Doch es brachte mir eine viel zartere und glattere Haut, was äußerst wichtig war für meine Zukunft. Meine Haare hatten inzwischen die Länge, damit ich mir einen Pagenkopf frisieren konnte. Mein Gesicht schminkte ich nun betont fraulicher. Auf meinen Wunsch brachte mir meine Freundin ein schönes Sommerkleid ins Krankenhaus. Ich brachte nun den Mut auf zu zeigen, daß ich transsexuell war.

Als ich das erste Mal »als Frau« ins Café ging, kam es mir vor wie ein Spießrutenlaufen. Ich hatte das Gefühl, alle würden mir nachsehen, doch das war vermutlich nur Einbildung. Ich setzte mich an einen kleinen Tisch und schaute mich vorsichtig um. Niemand nahm Notiz von mir. Es war ein starkes Gefühl, als Frau dort zu sitzen.

Bald einmal kam ich mit einer Frau am Nebentisch ins Gespräch. Sie stellte sich mir vor, ich nannte ihr einen Frauennamen. Ihr Gesicht sah aus, als hätte man sie durch einen Fleischwolf gedreht. Sie erklärte mir, sie habe sich ein Lifting machen lassen. In einigen Wochen würde sie um Jahre verjüngt aussehen. In dem Moment konnte ich mir das allerdings nicht vorstellen. Von da an trafen wir uns täglich im Café. Herta wurde meine Krankenhausfreundin. Oft kam sie abends zu mir ins Zimmer, und wir sahen zusammen fern.

Ihr Gesicht wurde täglich ansehnlicher, und Herta freute sich sehr. Sie stellte mir auch ihren Mann vor. Er war ausgesprochen nett zu mir. Ich war mir jedoch sehr unsicher, ob er mich ernst nahm oder nur aus Höflichkeit freundlich war. Eines Tages brachte er seiner Frau drei rote Rosen mit und überreichte mir auch eine. Ich errötete und wußte nicht, was ich sagen sollte. Die beiden lachten schallend und ich dann auch. Natürlich kannte Herta meine

Geschichte. Ihr Mann hatte mir eigentlich nur beweisen wollen, daß er mich auch als Frau ernst nahm. Ich aber hatte schreckliche Angst, sie würden sich über mich lustig machen.

Viele Besucher hatte ich nicht. Das machte mir aber nichts aus. Ich wollte nicht immer dieselbe Geschichte erzählen. Meine Mutter brachte mir noch mehr Damenkleider mit. Nun konnte ich abwechseln. Ich genoß es richtig, mich schön zu machen. Mein Busen allerdings wollte und wollte nicht wachsen. Herta gab mir den Rat, doch einmal mit ihrem Schönheitschirurgen über eine Brustplastik zu sprechen. Auf diesen Gedanken wäre ich gar nie gekommen. Ich sprach eine Schwester darauf an, und sie versprach mir, den Arzt vorbeizuschicken. Drei Tage später kam er, und wir besprachen diese Möglichkeit. Danach untersuchte er meine Brust. Er versicherte mir, daß dies durchaus machbar wäre, und empfahl mir, vorerst die kleinste Größe zu implantieren. Gefesselt von dieser neuen Möglichkeit, entschloß ich mich zu dieser Operation. Bereits vier Tage später war es soweit. Es dauerte ohnehin noch zwei Wochen, bis ich wieder nach Hause konnte. Mein Entschluß stand fest. Ich war mir völlig sicher, daß ich nie mehr in meinem Leben Männerkleider tragen würde – die Gesellschaft sollte mich in Frauenkleidern akzeptieren. Meine Mutter bat ich, mir einen Büstenhalter zu besorgen, die kleinste Größe natürlich. Am Abend vor dem Eingriff brachte sie ihn mir mit. Ich kicherte vor Freude – meine erste »Püppihutte«. Ich war vor Freude völlig aufgeregt, ans Schlafen war nicht zu denken.

Als meine Mutter weg war, huschte Herta zu mir ins Zimmer. Sie wünschte mir alles Gute. Da sie am nächsten

Morgen nach Hause konnte, versprach sie mir, mich am Nachmittag zu besuchen.

Ich schaute mir noch einen Film an. Aber auch nachher konnte ich nicht einschlafen. Als Mitternacht bereits vorüber war, läutete ich nach der Schwester und bat sie um eine Schlaftablette. Ines brachte mir eine, und bald darauf muß ich wohl eingeschlafen sein.

Am Morgen, als ich aufwachte, hatte ich gar keine Zeit mehr, über meine Lage nachzudenken. Ich wurde sofort in den Operationssaal gerollt, bekam wieder eine Narkose und war augenblicklich weg.

Als ich wieder zu mir kam, lag ich in meinem Zimmer und hatte das Gefühl, nur fünf Minuten geschlafen zu haben. Die Schmerzen in meiner Brust waren leicht zu ertragen.

Vorsichtig versuchte ich unter den Verband zu schauen, sehen konnte ich natürlich nichts. Allerdings stellte ich eine Wölbung fest und überlegte mir, wie mir wohl mein Busen stehen würde. Am Nachmittag kam Herta vorbei. Sie fand mich in bester Stimmung. Meiner Mutter erzählte ich am Telefon, daß alles gutgegangen und ich meinem Ziel wieder ein Stück näher gekommen sei.

Gedankenverloren schaute ich aus dem Fenster. Die ersten Bedenken schlichen sich ein – nun war ich ja ein Zwitterwesen. Aber auch dies würde ich durchstehen. Der nächste Morgen brachte eine große Überraschung – alle Krankenschwestern nannten mich Fräulein. Meinen richtigen Vornamen änderten sie um in Rosalin; so war jetzt auch die Tafel an meinem Bett angeschrieben. Die Umstände waren ideal, um mich auf meine Zukunft als Frau vorzubereiten.

Als ich meinen Busen zum ersten Mal sah, erschrak ich

fast etwas. Obwohl ich ihn mir so sehnlich gewünscht hatte, fand ich ihn nun etwas groß. Die im Zimmer anwesenden Krankenschwestern mußten über meine Bedenken lachen. Herta besuchte mich häufig. Sie sah jetzt wirklich hübsch und attraktiv aus. Sie war eine schöne Frau – ihr Mann durfte stolz sein auf sie. Wir tauschten unsere Telefonnummern aus, um den Kontakt zueinander nicht zu verlieren. Vieles hatte uns einander nähergebracht und etwas wie eine Freundschaft zwischen uns entstehen lassen.

Zehn Tage nach der Operation wurden bei meinem Busen die Fäden gezogen, die jetzt noch sichtbaren Narben würde man später nicht mehr sehen. Meine Brustwarzen waren noch ohne Gefühl, weil dort die Plastik eingeschoben worden war, aber der Busen selbst fühlte sich weich und natürlich an. Zum ersten Mal in meinem Leben konnte ich einen BH anziehen, welch unbeschreibliches Gefühl!

Wie würden wohl die Leute in meiner Umgebung reagieren, fragte ich mich immer wieder. Doch eigentlich war es mir egal – mein Ziel war klar. Ich betrachtete mein Spiegelbild und war zufrieden mit mir.

Bei meiner Entlassung bedankte ich mich bei allen Schwestern persönlich und gab ihnen ein großzügiges Trinkgeld in die Schwesternkasse. Ich verdankte ihnen sehr viel. Mit großem Einfühlungsvermögen hatten sie mich bei den ersten Schritten meines neuen Lebens begleitet.

Vreni, die Freundin meines Bruders, holte mich mit einem Taxi vom Krankenhaus ab. Endlich konnte ich auch meine Hündin L'amour wiedersehen, ich hatte sie sehr vermißt. Natürlich war ich auch gespannt, was sich während meiner langen Abwesenheit in meinem Geschäft getan hatte.

Meine Stellvertreterin Sina und die anderen Angestellten nahmen betroffen mein Aussehen zur Kenntnis. Als ich ihnen dann noch klarmachte, daß mein Name jetzt Rosalin sei, waren sie vollends irritiert. Sie hatten mich schon öfter in Frauenkleidern gesehen, aber immer nur zum Spaß, an der Fastnacht. Daß dies nun zum Alltag wurde, kam doch sehr überraschend, und sie brauchten Zeit, um sich mit der neuen Situation auseinanderzusetzen. Mir lag hingegen viel daran, mich in meiner gewohnten Umgebung zu behaupten. Nur so würde ich mein künftiges Leben bewältigen können.

Danach stieg ich mühsam die steile Treppe zu meiner Wohnung empor. Schwanzwedelnd kam mir L'amour entgegen und sprang voller Freude an mir hoch. Meine Mutter wartete bereits auf mich und hatte einen kleinen Imbiß vorbereitet. Da ich noch recht wacklig auf den Beinen war, legte ich mich eine Weile hin.

Abends erschienen verschiedene Besucher aus der Nachbarschaft. Ich war natürlich das Tagesthema Nummer eins. Wie ein Flächenbrand verbreitete sich die Nachricht über »Rosalin«. Meine Haarfarbe änderte ich auf weißblond und kaufte mir ein langes Haarteil. So sah ich schon ganz fraulich aus. Da ich unbedingt meinen Busenansatz zeigen wollte, kaufte ich mir ausgeschnittene Pullis. Natürlich hatte ich meinen Stil noch nicht gefunden. Ich war in allem viel zu extrem.

Denen, die mich schon lange kannten, fiel es schwer, mich nun plötzlich Rosalin zu nennen. Ich sah darüber hinweg, es war ja wirklich nicht einfach. Mit der Zeit würden sie sich schon daran gewöhnen.

Nach einem Monat hatte sich der Alltag wieder ziemlich eingependelt. Die Leute hatten sich an mich als Rosalin gewöhnt und akzeptierten mich so, wie ich war.

Trotz meiner Krücken schenkten mir Männer jetzt oft bewundernde Blicke. Nun waren es Heteros, die nicht wissen konnten, daß ich noch keine Frau war. Ich lernte sehr schnell, mich natürlich zu bewegen, mich in einem Restaurant korrekt an einen Tisch zu setzen, dem Gesprächspartner in die Augen zu sehen. Zum damaligen Zeitpunkt war das gar nicht einfach, ich war schließlich noch immer ein Zwitterwesen.

Mit meinem Bein machte ich täglich Fortschritte, durch Gymnastik bekam ich auch wieder Muskeln, die sich durch das lange Liegen zurückgebildet hatten.

Bald tauchte auch wieder die Frage auf, wie es denn nun weitergehen sollte. Das wichtigste war, einen Arzt zu finden. Eine Bekannte vermittelte mir die Adresse eines Arztes am Inselspital Bern, der sich ausschließlich auf Endokrinologie spezialisiert hatte.

Sofort setzte ich mich mit dem Inselspital in Verbindung und bekam einen Termin. Ich mußte nur zwei Wochen warten. Es war nun schon Ende Oktober, die Zeit rann nur so dahin. Ich lebte zwischen Depressionen und Angstzuständen. Angst machte mir die Ungewißheit, was aus mir werden würde, wenn ich keinen Arzt fände.

Mit positivem Denken holte ich mich immer wieder aus diesen Seelentiefs.

Eine Kundin von mir, die im Stadthaus arbeitete, besorgte mir eine neue Identitätskarte. Mit meinem alten Ausweis wären mir bei einer Kontrolle Peinlichkeiten nicht erspart geblieben. Mit dem neuen Ausweis fühlte ich mich viel sicherer, und ich war ihr unglaublich dankbar, daß sie mir diesen Dienst erwiesen hatte.

Mein Kleiderstil hatte sich wesentlich gebessert. Ich ließ mich von Freundinnen beraten und begriff schnell, was am besten zu mir paßte. Mit einer knallengen Satinhose betonte ich meine Figur.

Da ich jetzt gut stehen konnte, legte ich meine Krücken immer öfter zur Seite. Manchmal brachten sie mir jedoch auch Vorteile. Wenn ich eine Bar betrat, gab dies den Männern Gelegenheit, mich anzusprechen. So kam ich oft ins Gespräch mit ihnen, was natürlich eine große Selbstbestätigung für mich darstellte. Im Umgang mit Männern war ich nun viel selbstbewußter geworden. Meine rauchige Stimme gefiel manchen; andere musterten mich jedoch mit Argwohn. In meiner Rolle als Frau war ich aber schon so überzeugend, daß ihnen meine Stimme gar nicht mehr so rauh vorkam. Schließlich gibt es Frauenstimmen, die tief und sonor klingen. Im Leben kommt es schließlich nicht auf die Stimme an. Wichtig ist, was für ein Mensch sich dahinter verbirgt. Ich war nie ein schlechter Mensch gewesen, nur mein Lebensprogramm war falsch.

Der Tag, an dem ich die Krücken abgeben konnte, war gekommen. Natürlich hinkte ich noch ein bißchen und merkte die Schwäche in meinem Bein, doch ich war glücklich, diese Dinger endlich loszuwerden. Der Arzt machte mich darauf aufmerksam, daß ich in einem Jahr wiederkommen müsse, um die Schrauben entfernen zu lassen.

Ja, sicher würde ich kommen – aber als Rosalin. Er wünschte mir viel Glück auf meinem Weg und sagte, er würde sich sehr freuen, mich als Rosalin wiederzusehen.

An diesem Abend ging ich zum ersten Mal tanzen. Im »Hazyland« spielte die Wolfram Jazz Band. Diese Musiker kannte ich schon seit Jahren. Meine Mutter und ein Freund begleiteten mich. Ich wollte einfach feiern. Da ich eine gute Tänzerin war, erregte ich einiges Aufsehen. Ich genoß es, sexy zu tanzen, und ließ meine langen, blonden Haare fliegen. Dem Bandleader fiel ich natürlich auf, er schaute immer wieder zu mir her. Auch der Gitarrist, der sich bei mir im Geschäft oft die Haare schneiden ließ, zwinkerte mir zu, doch sie erkannten mich nicht.

In der Pause bat ich den Kellner, den Gitarristen an meinen Tisch zu bitten. Ich wollte mit ihm auf einen schönen Abend anstoßen.

Als er an unseren Tisch kam, forderte ich ihn auf, sich zu setzen, und gab mich ihm zu erkennen. Erstaunt sah er mich an. Er begriff jedoch schnell. In seiner Branche waren ihm solche Dinge nicht fremd. In Deutschland gab es bereits viele Tänzerinnen, die sich einer Geschlechtsumwandlung unterzogen hatten. Wir plauderten noch eine Weile, dann mußte er auf die Bühne zurück. Natürlich erzählte er es weiter. Der Bandleader grüßte mich später mit einem Kopfnicken und seinem strahlendsten Lächeln. Ich war in Hochstimmung, tanzte den ganzen Abend aber nur mit meinem Bekannten. Mir fehlte einfach noch der Mut, mit fremden Männern zu tanzen, doch würde ich eines Tages bestimmt diese Angst überwinden.

Ich genoß den Abend. Die Mitternachts-Show brachte uns noch mehr in Stimmung: die Band spielte ihre neuesten Hits. Als wir gegen zwei Uhr aufbrachen, verabschiedete sich der Bandleader durchs Mikrofon: »Gute Nacht, Rosalin!« Das machte mich so verlegen, daß ich kaum noch gehen konnte. Andrerseits genoß ich es. Alle Leute drehten sich nach mir um, und ich war froh, endlich draußen zu sein.

Im Taxi, das uns nach Hause brachte, schwor ich mir, nun häufiger tanzen zu gehen – auch dies gehörte zu meinem neuen Leben.

Auch wenn es nun absolut herrliche Momente gab in meinem Leben, war es doch meist sehr schwierig. Angst und Unsicherheit lauerten an allen Ecken. Einerseits wollte ich gern mit Männern ausgehen, doch die Angst, einer könnte die Wahrheit entdecken, war enorm. Schon beim bloßen Gedanken, jemand könnte mich verspotten, geriet ich fast in Panik. Von meiner früheren Lebenssituation war ich zwar allerhand gewohnt, doch ich konnte Beschimpfungen und Gespött auch heute noch nicht hinnehmen. Ich fürchtete nach wie vor, jemand könnte meine Gefühle verletzen.

Endlich kam der Tag, an dem ich nach Bern fahren konnte, der Tag, der über meine Zukunft entscheiden würde. Meine Nerven waren zum Zerreißen gespannt. Ich hatte schweißnasse Hände, und zugleich war mir kalt. Wie froh war ich, meine Mutter am Eingang stehen zu sehen – sie wollte mich begleiten. Zusammen betraten wir den Lift und fuhren in die Etage der Endokrinologie. Dort brachte uns eine Empfangsdame in das Zimmer des Arztes. Meine Mutter versuchte, mich zu beruhigen.

Als der Professor eintrat und mich mit einem Händedruck begrüßte, beruhigte ich mich schnell. Der Mann strahlte eine unglaubliche Ruhe aus, er war mir sofort sympathisch. Ich schenkte ihm bedingungslos mein Vertrauen.

Ausführlich schilderte ich ihm meine Situation und die bisherige Behandlung. Er machte sich Notizen. Nach etwa einer Stunde sagte er, daß er mich noch untersuchen wolle. Ich mußte mich in einem Nebenzimmer ausziehen. Oben nackt zu sein, machte mir nichts aus. Aber wenn er mich auch unten untersuchen würde, wäre mir das schon sehr unangenehm. Aber er war ja Arzt und kein Liebhaber, sprach ich mir selbst Mut zu. Als ich mir die Kleider wieder anziehen konnte, war ich mehr als froh.

Nun erklärte mir der Arzt, seine Erfahrungen auf diesem Gebiet seien noch nicht sehr groß, aber er wolle meine Behandlung fortsetzen. Dazu müßte ich meine Hormontherapie weiter befolgen wie bisher. Er riet mir dringend, mein Leben weiter als Frau zu führen. Wie lange es dauern würde bis zur Operation, sei abhängig von verschiedenen Tests und psychologischen Gutachten.

Nun wußte ich, was noch alles auf mich zukommen würde, hatte aber auch die Gewißheit, daß es eine Lösung gab. Ich bedankte mich und verabschiedete mich. Danach hätte ich singen können vor Freude. Im Büro ließ ich mir einen Termin geben. Ich mußte regelmäßig zu Bluttests erscheinen. Zudem würde ich von einem Psychologen bzw. Psychiater aufgeboten werden. Ein großer Teil meiner Ängste wurde an jenem Tag abgebaut.

Am Abend lud ich meine Mutter zum Essen ein. Wir sprachen in Ruhe noch einmal alles genau durch, was der Arzt mit uns besprochen hatte. Ich glaubte zu spüren, daß auch meine Mutter froh wäre, wenn alles bereits vorüber wäre.

Ich blieb noch einige Tage in Bern, da meine Mutter nicht arbeiten mußte. Montag war Zwiebelmarkt, den wollte ich wieder einmal erleben.

Der »Zibelemärit« war im Laufe der Jahre zu einem berühmten Fest geworden, an dem immer mehr Touristen

Freude fanden. Es herrschte immer ein Riesengedränge bei den Ständen, doch die schön geflochtenen Zwiebelzöpfe erfreuten mich als Erwachsenen noch genauso wie als Kind. Die Zucker-Zwiebelkette hatte ich als Kind meist tagelang um den Hals getragen und immer wieder ein Stück davon gegessen.

Als ich mir an einem Stand etwas ansehen wollte, stand neben mir eine Frau und sprach mit der Verkäuferin. Plötzlich erkannte ich sie: Es war Ursula Andress. Ich war so überrascht, daß ich sie nicht einmal um ein Autogramm bitten konnte. Sie trug ein beigefarbenes Cape und braune Stiefel, war perfekt geschminkt, und ihre Haare waren frisiert, wie man sie aus dem Film kannte. Bevor ich meine Sprache wiederfand, war sie in der Menge verschwunden. Endlich hatte ich sie einmal in natura gesehen. Ich bewunderte sie schon lange, seit ich sie in einem James-Bond-Film gesehen hatte. Im Film kam sie mir viel größer vor, mindestens ein Meter siebzig. Sie ist aber kleiner.

Gegen 17 Uhr fand jeweils die Konfettischlacht statt. Von früher wußte ich, wie sich diese kleinen Dinger in den Kleidern verkrochen und überall juckten. Deshalb machte ich mich frühzeitig aus dem Staub und betrat ein Restaurant. Natürlich war das Lokal total überfüllt, und nur mit Mühe konnte ich mir in einer Ecke einen Platz ergattern. Ich bestellte mir ein Stück Zwiebelkuchen, das gehörte einfach mit zum Fest. Als ich mich wieder aufgewärmt hatte und fertig war mit meinem Zwiebelkuchen, bezahlte ich und ging. Jetzt wollte ich noch auf die Schützenmatt an den Jahrmarkt. Als Kind hatte ich dieses Fest auf der Schützenmatt immer als einen Höhepunkt erlebt. Nun wollte ich meine Kindheitserinnerungen wiederaufleben lassen oder auch nur sehen, ob der Mann mit dem Affen noch da war oder der dicke kleine Mann, der Zuckerwatte und gebrannte Mandeln verkaufte. Als Kind verbrachte ich Stunden in der Mitte des Platzes bei den Putschautos.

Heute erlebte ich alles anders – ich war ja auch kein Kind mehr, und zudem spürte ich bereits die große Veränderung in mir.

Später am Abend ging ich noch ins »Yok«. Ich hoffte, ein paar bekannte Gesichter zu sehen. Beim Eintreten sah ich meine beiden Freundinnen von früher wie gewohnt an der Bar sitzen. Geradewegs steuerte ich auf die beiden zu. Erstaunt sahen sie mich an, sie erkannten mich nicht. Bei ihnen angekommen, gab ich mich zu erkennen, und beide fingen schallend an zu lachen. Am liebsten wäre ich vor Scham in den Boden versunken. Sie lachten nicht nur, sie machten auch dumme und geschmacklose Witze. Mir wurde klar, daß sie wohl nie richtige Freundinnen gewesen waren. Betrübt und enttäuscht verließ ich die beiden und setzte mich an einen abgelegenen Tisch. Natürlich kamen sofort Homos an meinen Tisch, denn die sind bekanntlich sehr neugierig. Erklären mußte ich nichts mehr, es war allen sofort klar, worum es ging. Die beiden anderen Frauen warfen mir gehässige Blicke zu. Wahrscheinlich war es das erste Mal, daß sie nicht mehr im Mittelpunkt standen. Als ich noch ins »Chicago« zum Tanzen eingeladen wurde, war für die zwei Frauen der Abend gelaufen. Neugierig kamen sie später nach und setzten sich an den Nebentisch. Als ich nach ein paar Tänzen an meinen Tisch zurückkam, brachte mir der Kellner ein Glas Champagner, spendiert von den Damen am Nebentisch. Sie winkten mich an ihren Tisch und entschuldigten sich für ihr schlechtes Benehmen von vorhin, und die eine meinte, eigentlich müßten wir Frauen doch zusammenhalten. Wir hoben unsere Gläser, und sie wünschten mir Glück für meine Zukunft. Eine Weile saßen wir noch zusammen, und ich erklärte ihnen alles, bis ein junger Mann mich wieder zum Tanzen aufforderte. Erst wollte ich seiner Einladung keine Folge leisten, doch die beiden Frauen ermutigten mich zu gehen. Er nahm mich bei der Hand und führte mich auf die Tanzfläche.

Er war ein fröhlicher Typ, sehr charmant, und tanzen konnte er ausgezeichnet. Wir tanzten Beat und Rock. Als aber die langsamen Stücke folgten, war ich doch sehr auf der Hut, obwohl ich nichts zu befürchten hatte. Ich trug einen sehr engen Slip, der hielt meinen Penis sicher nach hinten. Doch als er mich auf den Mund küssen wollte, drehte ich den Kopf zur Seite. Auf die Wange ließ ich es zu, mehr aber nicht.

Später begleitete er mich nach Hause zu meiner Mutter. Ich gab ihm meine Adresse und Telefonnummer in Zürich. Vielleicht würden wir uns wiedersehen. Er war Bäcker im Geschäft seines Vaters. Wir telefonierten tatsächlich noch ein paarmal, das war dann aber alles. Ich fand nicht den Mut, ihm die Wahrheit zu sagen.

Oft war ich jetzt allein unterwegs. Eines Abends zog es mich in die »Hawai-Bar«. Myrta, die Bardame, kannte ich gut, und wir unterhielten uns, als ich bemerkte, daß am oberen Ende der Bar ein Mann saß, der mich dauernd beobachtete. Myrta brachte mir noch einen Drink, spendiert von jenem Mann. Ich hob mein Glas und prostete ihm zu. Dabei stellte ich erfreut fest, daß er gut aussah und sehr sympathisch wirkte. Lächelnd kam er auf mich zu und stellte sich vor. Er hieß Fred. Als er so bei mir stand und mich anlachte, dachte ich, dieser Mann wäre wohl eine Sünde wert. Er konnte gut Witze erzählen. Schon lange hatte ich nicht mehr so gelacht. Als die Polizeistunde kam, merkten wir, daß wir vom dargebotenen Programm kaum etwas mitbekommen hatten. Wir hatten uns besser unterhalten. Wir wollten aber noch zusammenbleiben, und so sollte es bei mir noch einen Kaffee geben. Bei mir zu Hause deckte er den Tisch. Ich machte noch ein paar Brote, wir waren hungrig.

Irgendwie wünschte ich mir, es würde etwas passieren. Ich vermißte schon lange die Zärtlichkeiten eines Mannes. Auch fühlte ich, daß Fred mir näherkommen wollte. Dann trafen sich unsere Blicke, meine Augen blieben an seinen Lippen hängen. Fred rückte näher zu mir und küßte mich ganz zart und behutsam, ein wohliger Schauder überrieselte mich. Als er mich wieder losließ, schaute ich verlegen an ihm vorbei und flüchtete mich in Ausreden, warum er nicht bei mir schlafen könne. Es wäre für mich die größte Demütigung gewesen, mich einem Mann als Zwitterwesen zu zeigen. Fred erwies sich als sehr tolerant. Er zerstreute meine Ängste im Nu und versicherte mir, nie bei einer Frau zu schlafen, die er erst vor ein paar Stunden kennengelernt hatte. Er gab jedoch zu, sich ein bißchen in mich verliebt zu haben. Ein normaler Mann sagte diese Worte zu mir! Es klang wie Musik in meinen Ohren, und ich war naiv genug, ihm zu glauben. Er verabschiedete sich, und ich kroch glücklich wie seit langem nicht mehr in mein Bett.

Schon am nächsten Tag rief er mich an. Von da an trafen wir uns regelmäßig. Die Beziehung zu seiner Freundin war zwar am Auseinanderbrechen, doch gab sie ihm noch nicht die Freiheit, die er gern gehabt hätte.

Fred versuchte nie, mit mir zu schlafen, wir küßten uns immer nur lange und innig. Er konnte gar nicht ahnen, was er mir damit in dieser schwierigen Zeit gab.

Nach einiger Zeit lud er mich an einem Wochenende zum Essen ein. Fred hatte inzwischen seine Freundin verlassen und war in eine neue Wohnung gezogen. Jetzt fühlte er sich frei, doch für mich begann die Sache heikel zu werden. So eröffnete er mir beim Abendessen, er habe den Wunsch, über Nacht bei mir zu bleiben. Mir blieb vor Schreck buchstäblich das Essen im Hals stecken. Fieberhaft überlegte ich, wie ich mich aus dieser Situation retten könnte. Dann aber nahm ich meinen ganzen Mut zusammen und entschloß mich, ihm die Wahrheit zu sagen. Es würde nichts Schlimmeres passieren, als daß er aufstand und ging. Er blieb jedoch sitzen und schaute mich nur an. Als ich ihm mein Geheimnis gebeichtet hatte, gestand er mir, dies immer schon gewußt zu haben, von Myrta. Ich war schockiert und zugleich wütend auf Myrta; doch Fred beschwichtigte mich. Er habe absichtlich nichts gesagt, um mich nicht zu verletzen. Mir rannen die Tränen übers Gesicht, so elend fühlte ich mich. Die Leute vom Nebentisch sahen bereits zu uns herüber. Aber mir war jetzt alles egal. Fred bezahlte die Rechnung, und wir gingen. Ich wollte nur noch so schnell wie möglich nach Hause. Fred tröstete und umarmte mich. Er flüsterte mir zärtliche Worte ins Ohr, die mich nur noch mehr verwirrten: »Rosalin, du bist eine begehrenswerte Frau, ich liebe dich.«

In dieser Nacht blieb er bei mir. Natürlich konnte ich mich nicht nackt neben ihn legen. Ich behielt meinen Gummislip an. Auch Fred sollte mich nicht als Zwitterwesen sehen, niemand sollte mich so sehen. Ich haßte meinen Penis noch mehr als sonst.

Ich geriet immer mehr in eine depressive Phase. Die Streitigkeiten mit Fred häuften sich. Die Belastung setzte mir sehr zu. Nachträglich sah ich ein, daß die Auseinandersetzungen dazu dienten, mich vor Fred zu schützen. Nach einem heftigen Streit gab mir Fred den Laufpaß. Daran trug ich allein die Schuld, denn er war mehr als geduldig gewesen.

Am Anfang fühlte ich mich sehr allein ohne ihn, seine Zärtlichkeiten fehlten mir sehr. Sehnsüchtig hoffte ich, bald als wirkliche Frau mein Leben verbringen zu können. Es war alles viel komplizierter, als ich es mir vorgestellt hatte. Manchmal schien mir meine Lage fast ausweglos.

Der Tag kam, an dem ich zum Psychiater mußte. Ich fuhr mit einem sehr beklemmenden Gefühl nach Bern. In der Klinik erwartete mich ein älterer Herr. Es war der Arzt, der mich testen sollte. Zwei Stunden lang befragte er mich über mein Vorleben. Dann mußte ich verschiedene Tests machen. Für mich war die Sache ziemlich spannend. Was für ein Bild würde sich dieser Mann von mir machen? Zugleich war es auch sehr aufreibend. Würde ich den Test wohl bestehen oder nicht? Als ich dann endlich gehen durfte, war ich mir sicher, die Sache zu meinen Gunsten entschieden zu haben – auch diese Hürde hatte ich hinter mir. Er werde meinem Arzt die Testergebnisse schriftlich mitteilen. Ich atmete tief durch und verabschiedete mich.

Sofort besuchte ich meine Mutter, um ihr zu erzählen, wie es gelaufen war. Sie arbeitete in einem Restaurant, und die Gäste mochten sie alle sehr. Aus Freude und Zufriedenheit leistete ich mir darauf den Spaß, im Speisewagen nach Zürich zu fahren.

Seit meinem Unfall waren bereits sechs Monate vergangen, und meine Beinmuskeln hatten sich wieder normalisiert. Also versuchte ich, Schuhe mit hohen Absätzen zu tragen, das gab mir schöne lange Beine. Ich wäre zu gern auf einen Ball gegangen.

Kurz darauf konnte ich mir diesen Wunsch erfüllen. Meine langjährige Freundin Mara und meine Mutter begleiteten mich. Eigens für diesen Abend ließ ich mir ein schwarzes Abendkleid schneidern. Natürlich war meine ganze Aufmachung an diesem Abend wieder ziemlich übertrieben. Das störte mich aber überhaupt nicht. Wir amüsierten uns prächtig.

Plötzlich entdeckte ich an einem Nebentisch Cherie mit seiner Blondine. Mich ritt der Teufel, und ich trat an ihren Tisch. Wie selbstverständlich setzte ich mich zu ihnen und begrüßte sie mit »Hallo, Cherie«. Beide starrten mich entgeistert an, erkannten mich aber in diesem Moment. Sie waren sprachlos, sie wußten ja nichts von meiner Veränderung. Die Blondine war wirklich Cheries Frau geworden. Ich mochte sie aber immer noch nicht.

Cherie wollte meine Mutter kennenlernen, also holte ich sie zusammen mit Mara an seinen Tisch, und er spendierte eine Flasche Champagner. Cherie interessierte sich nun sehr für mein Vorhaben. Ich erzählte ihm, was er wissen wollte – auch von der Krise, die ich nach dem Ende unserer Beziehung durchgemacht hatte. Er hörte mir aufmerksam zu, sagte aber nichts. Als er mich ansah, spürte ich, wie leid ihm alles tat. Seine Frau schaute mich unentwegt an. Als wir uns verabschiedeten, wünschten mir beide alles Gute für meine Zukunft, mein Wunsch möge sich in jeder Beziehung erfüllen. Wir kehrten an unseren Tisch zurück.

Später stand Cherie plötzlich an meinem Tisch und bat mich um einen Tanz. Es ist großartig, wie die Zeit Wunden heilt. Ich empfand in seinen Armen überhaupt nichts mehr. Es war, als tanzte ich mit einem Fremden.

Das war das letzte Mal, daß mir Cherie begegnete. Als der Abend zu Ende war, legte ich mich zufrieden schlafen – ich hatte die Feuerprobe als Frau bestanden.

Weihnachten stand vor der Tür. Die Leute eilten hektisch in die Geschäfte, um die letzten Einkäufe zu machen, so auch ich. Für mich war es eine besondere Weihnacht. Ich erlebte diese Zeit mit zwiespältigen Gefühlen. Ich war sehr empfindlich. Wenn ich Musik hörte, wurde ich rührselig. Die ständige Ungewißheit zerrte an meinen Nerven.

Wir feierten bei mir. Meine Mutter und ich schmückten einen kleinen Weihnachtsbaum. Am Ende bestaunten wir unser Werk und waren zufrieden. Der Baum sah wirklich sehr hübsch aus. Abends kochten wir einen Kaninchenbraten mit Kartoffelpüree – unser traditionelles Weihnachtsessen. Nach dem Essen sahen wir uns im Fernsehen das Weihnachtsprogramm an und gingen anschließend in die Mitternachtsmesse. Die Weihnachtsstimmung bedrückte mich. Ich war froh, als diese Zeit endlich vorbei war.

Silvester feierte ich mit Freundinnen. Wir leisteten uns in einem der besten Restaurants ein köstliches Diner. Anschließend feierten wir ausgelassen in einem Privatklub weiter. Großzügig stießen wir mit Champagner an und wünschten einander ein gutes neues Jahr.

Mir war wieder zum Heulen zumute, doch ich riß mich zusammen. Bald hatte ich einen kleinen Schwips, vergaß meine Probleme und verlor meine Hemmungen. Ich tanzte wie verrückt und amüsierte mich dann auch großartig.

Gegen Morgen begleitete mich ein junger Mann nach Hause. Ich verabschiedete mich von ihm und legte mich müde ins Bett.

Anfang Januar erhielt ich den Termin zur Voruntersuchung. Wieder fuhr ich nach Bern, wieder machte sich dieses beklemmende Gefühl in mir breit. Der Arzt, der mich erwartete, war mir jedoch auf Anhieb sympathisch, und meine Angst wich dem Vertrauen und der Zuversicht. Nach einer gründlichen Untersuchung erklärte mir der Arzt, daß ich ein weibliches Becken hätte und eine Operation machbar sei. Da ich von möglichen Problemen keine Ahnung hatte, stimmte mich diese Aussage sehr zuversichtlich. Er wollte noch verschiedenes von mir wissen. Dann setzte er einen Termin für die Operation fest.

Bereits einen Monat später, in den ersten Februartagen, sollte sich mein Leben einschneidend verändern. Nun wußte ich: Meine Lebensampel war von Rot auf Grün gesprungen.

Noch von einer Telefonzelle im Krankenhaus aus rief ich meine Mutter an. Sie freute sich mit mir, und ich versprach ihr, wir würden noch darauf anstoßen. Gelassen fuhr ich danach nach Zürich zurück.

Natürlich nagten auch Zweifel an mir. Unter anderem die Frage, ob ich nach der Operation überhaupt noch würde normal empfinden oder je wieder einen Orgasmus haben können. Dann wiederum sagte ich mir, egal was und wie – Hauptsache, ich bin eine Frau. Da ich gar nicht so recht wußte, was da alles auf mich zukam, stellte ich mir manches zu einfach vor.

Einige Tage vor dem Operationstermin kaufte ich mir einen roten Morgenmantel, außerdem zwei Negligés. Ich war bereit.

ZWEITER TEIL

Meine Mutter begleitete mich ins Krankenhaus. Beim Empfang mußte ich im Büro eine Kaution hinterlegen. Dann warteten wir, bis uns die Stationsschwester abholte. Mit dem Lift fuhren wir in die dritte Etage – Abteilung für Urologie.

Mein Zimmer war schlicht, aber es gefiel mir. Meine Kleider verstaute ich im Schrank; meine Kosmetika kamen in den Nachttisch neben dem Bett. Meine Schminkutensilien mußte ich griffbereit haben. Ich wollte schließlich auch im Krankenhaus eine gute Figur abgeben. Danach ging ich mit meiner Mutter im Park spazieren. Ich hatte nun doch etwas Angst. Die frische Luft tat mir gut. Ich fühlte mich meiner Mutter näher als je zuvor. Warum, wußte ich nicht genau. Wahrscheinlich waren es die ganzen Umstände, die uns tief verbanden.

Nachdem meine Mutter weg war, mußten mich die Schwestern schon für die Operation vorbereiten. Der Blutdruck wurde gemessen, Blut entnommen; schließlich bekam ich noch einen Einlauf, der Darm mußte völlig entleert sein. Das war mehr als unangenehm. Binnen kurzem mußte ich zur Toilette rennen und hatte das Gefühl, nie mehr dort wegzukommen. Darauf bekam ich heftige Magen- und Darmkrämpfe, wahrscheinlich von der Aufregung. Ich war froh, als alles vorbei war, und legte mich völlig erschöpft aufs Bett. Das also war der Anfang. Das konnte ja heiter werden.

Zu essen bekam ich nichts mehr, nur etwas Tee. Da lag ich nun, allein in meinem Zimmer, und kam ins Grübeln. Ein Gedanke überwog aber nach wie vor – ich wollte es schaffen, egal wie hoch der Preis war.

Zur Schlafenszeit brachte mir die Schwester eine Schlaftablette, vor Nervosität hätte ich bestimmt kein Auge zugetan. Morgens um sechs Uhr wurde ich geweckt. Ich mußte mich waschen und ein bereitgelegtes Nachthemd mit Schlitz und Socken anziehen. Als ich wieder im Bett lag, verabreichte mir eine Schwester eine Beruhigungsspritze, und ich verfiel in einen Dämmerzustand. Zwei Schwestern brachten mich in den Operationssaal. Der Narkosearzt schloß mich an eine Infusion an – ich war glücklich, mir war alles egal. Ich stand vor dem letzten Schritt in ein mir unbekanntes Leben. Mein Wunsch würde an diesem Morgen in Erfüllung gehen – als Rosalin würde ich wieder aufwachen.

Aus tiefstem Nebel auftauchend, hörte ich eine vertraute Stimme. Meine Augenlider waren schwer wie Blei. Wie durch einen Schleier erkannte ich das Gesicht meiner Mutter. Sie rüttelte sanft an meinem Arm und rief dabei immer wieder meinen Namen: »Rosalin, Rosalin, hörst du mich?« Meine Zunge war wie gelähmt, und ich fragte sie, ob alles vorbei sei. Nie werde ich vergessen, was sie mir darauf antwortete: »Ja, ich habe jetzt eine Tochter. Zwar keine Therese, aber Rosalin paßt ohnehin besser zu dir. Ich bin sehr glücklich für dich.« Diese Worte waren das schönste Geschenk, das mir Mutter je gegeben hat. Mich als ihre Tochter zu sehen gab mir ein unglaubliches Glücksgefühl.

Ich war völlig erschöpft und mußte immer wieder die Augen schließen. Die Ärzte hatten sieben Stunden für die Operation gebraucht. Ich tastete mit der Hand über meinen Bauch nach unten. Ich spürte jedoch nur, daß alles dick eingebunden war. Diese Tatsache fand ich aber bereits beruhigend in meinem Dämmerzustand: Ich war also Rosalin. Meine Mutter verließ mich, versprach aber, am Abend wiederzukommen. Ich schlummerte wieder ein.

Ein paar Stunden hatte ich bestimmt geschlafen, denn als ich aufwachte, war es draußen bereits dunkel. Neben meinem Bett brannte eine kleine Nachttischlampe, in einem Sessel am Bettende saß meine Mutter. Sie stand sofort auf, als sie merkte, daß ich aufwachte. Mein ganzer Körper war schweißnaß. Ich merkte erst jetzt, daß ich einen feuchten Lappen auf der Stirn hatte. Mich fror wie im tiefsten Winter. Die Schmerzen zerrissen die Nebelschleier meines Dämmerzustandes wie mit Messern. Ich begann zu schreien, doch meine Mutter legte mir die Hand auf den Mund und versuchte, mich zu beruhigen. »Du wolltest es so haben, die Schmerzen mußt du jetzt auch ertragen.« Ich stöhnte. Ein Kind zu bekommen kann niemals so schlimm sein. Nach der Geburt sind die Wehen vorbei, doch meine Schmerzen würden Tage und Nächte anhalten. Überall hingen Schläuche, ich bekam richtig Angst und klingelte nach der Schwester. Als sie ins Zimmer trat, hielt sie bereits eine Spritze in der Hand und injizierte diese in einen der Schläuche. Sie versicherte mir, daß es mir bald besser gehen würde. Nur wußte ich nicht, daß dies nur von kurzer Dauer sein sollte. Meine Mutter tröstete mich und strich mir übers Gesicht. Nach einer Weile fühlte ich mich wirklich etwas besser, und da die Besuchszeit vorbei war, verabschiedete sich meine Mutter von mir und sagte: »Sei tapfer, Rosalin!« Zum Schlafen bekam ich zum Glück eine Schlaftablette. So mußte ich die Schmerzen wenigstens während der Nacht nicht ertragen.

Am nächsten Tag besuchte mich mein Bruder mit einem Kollegen, den ich kannte. Er begrüßte mich mit den Worten: »Hallo, Schwester, wie geht es dir?« Ich konnte nicht sagen, danke, gut, also zwang ich mich wenigstens zu einem Lächeln. Zudem konnte ich mir auch denken, daß ich bestimmt keinen schönen Anblick bot. Völlig verschwitzte und verklebte Haare, überall mit Schläuchen behangen. Mein Bruder stand neben mir und ahnte nicht, wie sehr ich mich zusammennehmen mußte. Meine Schmerzen steigerten sich wieder ins Unerträgliche. Mein Gesicht war schweißbedeckt. Mit einem feuchten Tuch wischte er mir die Stirn ab. Ich war froh, als sie wieder gingen. Kaum hatte sich die Tür hinter ihnen geschlossen, heulte ich los, was das Zeug hielt. Ich wußte, daß es noch nicht Zeit für eine neue Spritze war. Zuviel durften sie mir nicht geben, ich war völlig verzweifelt. Die Krankenschwester trat ins Zimmer und versuchte, mich zu trösten. Ihre Erklärung klang sehr einleuchtend. Die Schmerzen seien ein Zeichen dafür, daß ich später auch wieder etwas empfinden würde. Hätte ich keine Schmerzen, würde dies bedeuten, daß mein Sexualleben tot war! Das motivierte mich schon gewaltig, alles durchzustehen. Im Moment zählten jedoch nur die Schmerzen. Wenn ich dann so elend zum Fenster hinausblickte, sah ich auf den Friedhof, was mich auch nicht eben aufheiterte.

Vom ersten Tag an nach der Operation mußte ich aufstehen – eine Vorsichtsmaßnahme gegen Thrombosen. Wenn ich dann in meinem roten Morgenrock durchs Zimmer ging, sah das ziemlich komisch aus: überall Höcker und Beulen von den an meinem Nachthemd befestigten Flaschen und Schläuchen. Ich kam mir vor wie eine wandelnde Glocke. Ich war jedesmal froh, wieder ins Bett steigen zu können.

Meine Lieblingstante Klara und meine Kusine kamen mich besuchen. Sie waren die einzigen in der Verwandtschaft, die meine Entscheidung respektierten. Seit Vaters Tod hatte sich niemand mehr um uns gekümmert. Es gab jedoch genügend andere Leute, die mir die Treue hielten.

Als die Verbände gewechselt wurden, konnte ich zum ersten Mal mein neues Geschlecht sehen. Ich war begeistert, obwohl alles noch gerötet und dick geschwollen war und eher aussah wie ein gerupftes Huhn. Als sie mir die Prothese wieder einsetzten, die einer Schrumpfung der Vagina vorbeugen sollte, erlitt ich Höllenqualen. Auch noch nach Tagen hatten meine Schmerzen kaum nachgelassen.

Jeden Tag wurde jetzt etwas entfernt, doch die Schmerzen blieben: Es war, als hätte ich einen glühenden Eisenstab in meinem Unterleib. Ich sprach mir immer wieder Mut zu. Kinder würde ich zwar nie bekommen können, aber vielleicht konnte ich wieder Orgasmen haben. Dies gab mir auch in den schlimmsten Momenten enorm Auftrieb.

Die ersten zehn Tage waren die schlimmsten. Dann hatte ich nur noch einen Katheter, und die Schwester verschloß mit einer Klemme den Schlauch, ich sollte versuchen, zu urinieren. Dazu stellte sie mir einen Nachtstuhl ins Zimmer. Ich war sehr aufgeregt, schlief dann aber doch ein. Etwa um ein Uhr wachte ich auf und spürte einen Druck auf der Blase. Ich stand auf und setzte mich auf den Nachtstuhl. Ich hatte eine Riesenangst. Plötzlich hörte ich es plätschern! Ich flippte fast aus vor Freude – es funktionierte, und dies ohne Schmerzen! Sofort klingelte ich nach der Schwester, ich mußte einfach jemandem mein Erfolgserlebnis mitteilen. Sie freute sich mit mir und versprach, nun auch den Katheter zu entfernen. Ich legte mich wieder ins Bett, doch schlafen konnte ich nicht mehr. Die Aufregung war zu groß. Ich war froh, als der Tag anbrach.

Gegen Mittag kam der Arzt und entfernte den Katheter. Ich spürte nur ein Brennen in der Blase, das schnell vorbeiging. Verglichen mit den anderen Schmerzen war es kaum erwähnenswert. Da tauchte aber ein neues Problem auf. Die Prothese mußte jedesmal beim Wasserlösen entfernt werden, was wiederum mit großen Schmerzen verbunden war. Dafür konnte ich jetzt jeden Tag Sitzbäder mit Kamillosan nehmen. Da ich meine Vaginamuskulatur stärken sollte, mußte ich die Prothese herausnehmen und wieder einführen, unterstützt von der Bauchmuskulatur. So lernte ich mein neues Geschlecht besser kennen. Meine Schamhaare waren auch wieder etwas nachgewachsen. Allmählich bekam ich wieder Lust, mich schön zu machen. Die Epilation im Gesicht führte ich wieder fleißig aus, tuschte meine Wimpern und legte etwas Wangenrouge auf. Meine Haare kämmte ich streng nach hinten, dies sah sehr gepflegt aus.

Eines Tages stand plötzlich mein Jugendfreund Pino mit einer Frau im Zimmer. Mich überraschte dieser Besuch so, daß mir die Worte fehlten. Er hatte von einer Freundin meiner Mutter von meinem Krankenhausaufenthalt erfahren. Wir freuten uns, einander zu sehen. Die Umstände machten ihm überhaupt nichts aus. Fast fünfzehn Jahre lang hatten wir uns nicht mehr gesehen. Jetzt war ich für ihn einfach Rosalin. Er verhielt sich völlig unkompliziert. Er war verheiratet, seine Frau wirkte sehr nett. Ich freute mich, daß es ihm so gut ging. In den vergangenen Jahren hatte ich immer wieder an ihn denken müssen.

Seit der Operation waren bereits vierzehn Tage vergangen, und ich fühlte mich schon ziemlich gut. An diesem Morgen kam der Professor mit seinem Gefolge persönlich in mein Zimmer und erklärte mir, am Abend finde ein Kongreß statt, an dem er mich gern vorstellen würde. Die ganze Operation sei auf Video aufgezeichnet worden. Er bat mich um meine Anwesenheit. Sein Assistenzarzt würde mich um sieben abholen. Etwas unsicher sagte ich zu.

Wieder allein, wurde ich sehr aufgeregt. Ich wollte natürlich einen guten Eindruck machen. Also machte ich mich sorgfältig zurecht und zog mein neues Kostüm an. Kritisch betrachtete ich mich im Spiegel. Ich war zufrieden mit mir.

Der Assistenzarzt holte mich pünktlich ab. Privat sah er noch besser aus als im weißen Kittel. Im Auto flirtete ich sogar ein bißchen mit ihm.

Im Kongreßhaus gab es einen Apéro mit verschiedenen Snacks. Unter den Anwesenden erkannte ich auch einige Krankenschwestern. Als der Kongreß begann, wartete ich nervös im Vorzimmer. Das war ja mein erster öffentlicher Auftritt als Frau. Endlich ging der Vortrag des Professors zu Ende, und ich wurde in den Saal gebeten. Beim Eintreten erschrak ich. So viele Leute hatte ich nicht erwartet. Unsicher ging ich nach vorn zum Professor. Auf einmal klatschten mir die Ärzte Beifall – ich war als Frau in der Männerwelt aufgenommen worden.

Ich war glücklich und stolz und bedankte mich für den Applaus. Dann durfte ich wieder hinausgehen. Mit zittrigen Knien setzte ich mich auf ein Sofa. Später kamen noch einige Herren aus dem Saal und stellten mir Fragen, die ich alle brav beantwortete. Andere wünschten mir einfach Glück für meine Zukunft – was ich bestimmt brauchen konnte. Gegen elf Uhr brachte mich der Assistenzarzt wieder in die Klinik zurück. Müde, aber glücklich legte ich mich schlafen.

Am nächsten Morgen holte mich meine Mutter ab. Endlich durfte ich nach Hause – als Rosalin.

Bei meiner Mutter angekommen, stellte ich fest, daß meine Kräfte noch sehr begrenzt waren. Ich mußte mich immer wieder hinlegen. Beim Sitzen machten sich die Schmerzen wieder stark bemerkbar. Mein Geschlechtsteil war noch sehr empfindlich. Um den Heilungsprozeß zu fördern, nahm ich täglich ein Sitzbad, danach folgte das Training mit der Prothese, um meine Vaginamuskulatur zu stärken. Ich wollte auf jeden Fall, daß sich alles so normal wie möglich entwickelte. Kinder konnte ich keine bekommen, doch wie jede andere Frau völlig normalen Geschlechtsverkehr mit einem Partner haben und auch wieder orgasmusfähig sein. Dieses Wissen ließ mich täglich die Zähne zusammenbeißen und trotz der Schmerzen niemals aufgeben.

Nach einigen Tagen erlebte ich jedoch bereits die erste große Enttäuschung: Ich konnte die Prothese nicht mehr einführen. Im hinteren Teil meiner Vagina war es wie zugesperrt. Völlig verzweifelt versuchte ich immer wieder, die Prothese einzuführen. Die Erkenntnis, daß etwas nicht stimmte, war sehr entmutigend.

In meiner Verzweiflung und Hilflosigkeit rief ich in der Klinik an und verlangte den Professor zu sprechen. Die Sekretärin erklärte jedoch, er habe jetzt keine Zeit. Außer mir schrie ich ins Telefon, daß ich noch heute eine Unterredung verlange. Schließlich klappte es, und ich erhielt einen Termin für den Nachmittag.

Ich fuhr mit meiner Mutter zusammen in die Klinik, es ging mir sehr schlecht, ich war nervös, und natürlich hatte ich Angst. Für mich stand alles wieder in Frage. Ich verlor die Nerven und heulte nur noch im Sprechzimmer. Der Arzt tröstete mich. Als ich mich etwas beruhigt hatte, bat er mich auf den gynäkologischen Stuhl zur Untersuchung. Seine Diagnose war niederschmetternd: Er stellte ein Blutgerinnsel im hinteren Teil der Vagina fest, das nur operativ behoben werden konnte. Natürlich war ich darüber entmutigt und traurig, doch wußte ich jetzt wenigstens, was los war. Also mußte ich mir wieder einen Termin für eine Operation geben lassen. Es begann alles nochmals von vorn.

Auf dem Weg nach Hause sprach ich mit meiner Mutter nur noch über die Schmerzen, über meine Mutlosigkeit und natürlich meine Angst. Nun wußte ich ja, was mich erwartete. Aber es mußte sein. Natürlich sah ich das ein, aber meine Enttäuschung war riesengroß.

Am Vortag der Operation trat ich ins Krankenhaus ein. Die Vorbereitungen waren dieselben wie beim ersten Mal. Gegen acht Uhr wurde ich am nächsten Morgen in den OP gebracht. Vier Stunden dauerte die Operation, und wieder rissen mich die unerträglichen Schmerzen aus dem Schlaf. Nicht einmal meinem schlimmsten Feind würde ich diese Schmerzen wünschen. Außerdem brannte mir der Oberschenkel wie Feuer.

Vorsichtig hob ich die Bettdecke und sah, daß mein Oberschenkel eingebunden war. Später erfuhr ich dann auch, weshalb. Die Ärzte hatten zusätzliche Haut gebraucht, um die Vagina auszukleiden.

So verbrachte ich wieder zehn Tage mit Schmerzen. Manchmal kam es mir vor wie ein Gang durch die Hölle. Mit eisernem Willen hielt ich durch und konnte nach zwei Wochen entlassen werden. Ein Freund holte mich in der Klinik ab und brachte mich nach Zürich.

Meine Mutter hatte einen neuen Job als Kellnerin gegenüber von meinem Frisiersalon gefunden. Darüber war ich natürlich sehr froh, denn ich brauchte sie in der ersten Zeit sehr. Übers Wochenende fuhr sie stets nach Bern in ihre Wohnung. Bald einmal flatterte mir die Krankenhausrechnung ins Haus. Die Kosten für die Nachoperation waren entsprechend hoch. Sie verschlangen meine gesamten Ersparnisse. Mir blieb nichts mehr. Gezwungenermaßen mußte ich meinen Salon an meine Friseuse Sina verkaufen. Viel war es nicht, was ich dafür bekam. Doch fürs erste reichte es. Ich machte mir ernste Gedanken darüber, wie meine weitere Existenz aussehen sollte, ob ich als Friseuse oder als Bardame arbeiten sollte. Kommt Zeit, kommt Rat, dachte ich mir.

Von der Krankenkasse sollte ich noch ein Taggeld bekommen. Dies konnte jedoch unter Umständen einige Zeit dauern.

Mit meiner Vaginaprothese kam ich gut zurecht. Täglich absolvierte ich gewissenhaft mein Bauch- und Geschlechtstraining. Ich war sehr gespannt darauf, wie das wohl mit einem Mann klappen würde. Wie wäre der Anfang mit ihm, was würde er zu meinem Körper sagen, würde er etwas merken? Fragen über Fragen, die ich mir immer wieder stellte. Einerseits war da diese Unsicherheit, andrerseits fieberte ich dem Tag der Begegnung mit einem Mann entgegen. Wie würde wohl mein erster Mann sein, verschmust und zärtlich oder kalt wie ein Frosch? Bald würde ich es wissen.

Nachmittags saß ich nun oft in der »Bilbao«-Bar. Mädchen vom Strich trafen sich dort. Viele von ihnen kannte ich von meinem Friseursalon her. Stets hatten sie etwas Interessantes zu erzählen, und ich amüsierte mich über ihre Geschichten. Eines Tages, ich unterhielt mich gerade mit Silke, betrat ein gutgekleideter Mann die Bar, und Silke war sofort im Gespräch mit ihm. Mich erstaunte, mit welcher Leichtigkeit sich das Mädchen an diesen Mann heranmachte. Ich kam mir vor wie eine Hinterwäldlerin. Plötzlich drehte sich Silke zu mir und erklärte mir, dieser Mann wolle uns beide zusammen haben. Obwohl sie ihm bereits gesagt habe, daß ich unpäßlich sei, bestehe er auf uns beiden zusammen.

Völlig überrumpelt saß ich da. Silke sagte, ich müsse mich ja nur oben zeigen, und ich murmelte nur noch ein »Jaja«. Schließlich wollte ich ihr das Geschäft nicht vermasseln.

So ging ich mit, das erste Mal als richtige Frau. Mir war nicht klar, was ich davon halten sollte. Mich überkam ein seltsames Gefühl, ich wußte nicht, ob ich mich freuen sollte. Unsicher stand ich da, während Silke das Geschäftliche mit dem Kunden regelte. Sie steckte mir zweihundert Franken zu, die ich in meiner Tasche verstaute. Nun zog sich Silke ganz aus. Ich mußte nur meine Bluse ausziehen, schämte mich aber trotzdem fürchterlich. Gleichzeitig dachte ich an das Geld in meiner Tasche. Wenn die das alle konnten – dann ich erst recht, und meine Bluse flog in hohem Bogen auf einen Stuhl. Meine Brüste waren klein wie die eines Mädchens, für mich allerdings waren sie groß. Der Kunde legte sich aufs Bett, auf der einen Seite Silke, auf der anderen Seite ich. Sie streifte ihm ein Kondom über seinen steifen Penis und spielte an ihm herum. Ich lag daneben, steif wie ein Brett, und wagte mich nicht zu bewegen. Ich war Silke dankbar, daß sie dem Kunden erklärte, daß dies das erste Mal sei für mich. Erst hinterher erfuhr ich, daß er deshalb soviel bezahlt hatte. Silke machte es ihm nun französisch, während er meinen Busen streichelte, danach legte sich Silke auf den Rücken, und er bumste sie mit ein paar kräftigen Stößen – alles ging sehr schnell.

Bevor ich es richtig begriffen hatte, konnte ich meine Bluse wieder anziehen. So schnell hatte ich noch nie Geld verdient.

Als wir in die Bar zurückgingen, meinte Silke, ich könnte bereits Massagen und Französisch machen. Die Sache bekam einen unwahrscheinlichen Reiz für mich. Zweifelnd überlegte ich. Einerseits war ich mir nicht so sicher, anderseits verspürte ich immer noch einen gewissen Haß gegenüber den Heteromännern, die mich früher stets verspottet hatten. Ja ich wußte wirklich nicht, ob ich dieser Sache gewachsen wäre. Die Aussicht auf Rache ließ jedoch einen Entschluß in mir reifen, und ich begann mit Massagen.

Meine Mutter war echt schockiert, als sie davon erfuhr. Einmal mehr setzte ich aber meinen Willen durch. Schließlich war es mein Leben. Was ich mir damit antat, merkte ich erst viel später, als es eigentlich schon zu spät war. Ich hatte nur Augen für das Geld und all die schönen Dinge, die ich mir nun leisten konnte. Mit meiner schlanken Figur konnte ich mir die tollsten Kleider kaufen, und ich genoß das Gefühl, eine attraktiv angezogene Frau zu sein. Meine Rekonvaleszenzzeit war vorbei – für gutes Geld wollte ich nun meinen Körper anbieten.

Wenn ich mich abends auf die Gasse stellte, fanden sich schnell Freier ein, und keiner merkte etwas von meiner Umwandlung.

Angetrieben vom Geldrausch, lebte ich mich schnell in das Leben einer Prostituierten ein. Ich arbeitete immer nur mit Kondomen. Ich wollte Geld, aber keine Krankheit. Ja, es ging um Geld und nicht um Liebe. Meine Liebe wollte ich einem ganz besonderen Mann schenken. Geschäft und Liebe waren für mich klar voneinander getrennt.

Eines Abends lernte ich in einem Lokal Dinor kennen. Er stammte aus Deutschland. Wir unterhielten uns bei einem Glas Wein. Dinor war sehr unterhaltsam und hatte schöne blonde Haare. Er lud mich zum Essen ein, und ich bestellte mein Lieblingsessen, Chateaubriand, dazu französischen Rotwein. Ich wollte mit Dinor schlafen. Aber wollte er bereits so weit gehen? Ich bekam bald Gewißheit, als wir später in einem Dancing engumschlungen tanzten. Wir küßten uns und schmusten, und ich spürte seine Erregung an meinen Schenkeln. Für mich war das ein irres Gefühl.

Engumschlungen schlenderten wir morgens um zwei zu mir nach Hause. Meine Mutter schlief schon fest. Zusammen gingen wir unter die Dusche und ließen das warme Wasser über unsere Körper rieseln. Sanft begann er mich am ganzen Körper zu streicheln und zu liebkosen. Ich konnte meine Erregung kaum noch zurückhalten. Noch nie zuvor hatte ich mich so frei und empfindsam gefühlt. Dinor hatte mich gut vorbereitet auf das, was nun folgen sollte. Gegenseitig rieben wir uns mit dem Handtuch trocken, um in mein Schlafzimmer zu gehen. Doch Dinor trug mich ins Zimmer und legte mich aufs Bett. Er küßte mein Gesicht und meine Brüste, er war so zärtlich, wie ich es mir nicht hätte träumen lassen.

Meine Arbeitskolleginnen hatten mir immer wieder erzählt, Männer seien ausnahmslos egoistisch. Dinor bewies das Gegenteil. Er ließ mich auf einer Wolke des Glückes schweben. Als er mit seiner Zunge mein Geschlecht liebkoste, wurde ich unsicher und zog seinen Kopf zu mir hoch. Er fragte jedoch nur, ob ich das nicht möge, und ich ließ seinen Kopf wieder los. Als er in mich eindrang, reizte mich das nicht besonders. Obwohl meine Vagina bereits naß war, hatte er einige Mühe, ganz in mich einzudringen, da ich doch recht eng war. Einen Moment lang dachte ich: »Hoffentlich hält auch alles!« Dinor bewegte sich jedoch so zart, daß meine Bedenken schnell verflogen und einem unglaublichen Gefühl Platz machten. Als er zum Orgasmus kam, war er ganz still, und ich spürte das erste Mal in meinem Leben, wie Sperma in meinen Körper floß. Ich verbrachte eine wunderschöne Liebesnacht, und als mich Dinor am Morgen verließ, war ich ihm aus tiefstem Herzen dankbar für die Liebe, die er mir geschenkt hatte.

Einige Tage später erhielt ich eine schriftliche Aufforderung, mich beim Gericht meiner Heimatgemeinde einzufinden. Es ging um meine Namensänderung. Eine Woche später fuhr ich mit meinem Gerichtsvertreter, einem Freund unserer Familie, hin.

Zuerst überprüfte der Richter sorgfältig alle meine

Papiere. Dann unterhielt er sich mit mir. Er war sehr freundlich und sagte, er bewundere meine Willenskraft. Er bemerkte gar charmant, so hübsch, wie ich aussehe, könne ich ja nur eine Frau sein. Der Richter erklärte mich nun offiziell zur Frau und schlug mit einem Hammer auf den Tisch. Nun war ich eine normale Schweizer Bürgerin mit allen Rechten und Pflichten. Sollte ich später einmal heiraten, wäre dies das Normalste der Welt. Die Gerichtsurkunde mit den neuen Personalien wurde mir zwei Wochen später per Post zugestellt. Jetzt gab es nur noch Rosalin Fehr, Tochter des ... und der ...

Die Verlockung, mit meinem Körper Geld zu verdienen, wurde immer größer. Die Männer bezahlten für mich, und ich konnte meine Rache voll auskosten. So rutschte ich immer tiefer hinein, ohne es richtig zu realisieren.

Von den anderen Mädchen wurde ich zum Teil akzeptiert, obwohl ich für sie eine neue Erfahrung darstellte. Eine »Umgebaute« war damals etwas Neues in diesem Kreis und galt als Attraktion – ein Umstand, der mir wiederum den Neid und die Eifersucht der anderen einbrachte. Sie hielten denn auch nicht hinter dem Berg mit bösen Kommentaren und giftigen Bemerkungen, weil sie meine Konkurrenz fürchteten. In diesem Kreis wird es wohl nie ein Zusammengehörigkeitsgefühl geben.

Eines Morgens wachte ich auf und hörte im Treppenhaus einen ungewöhnlichen Lärm. Schnell zog ich mir einen Bademantel über, um nachzusehen, was da los war. Ein junger Mann lachte mir entgegen und entschuldigte sich. Der Werkzeugkoffer war ihm aus der Hand gefallen, und das Werkzeug war die Treppe hinuntergescheppert. Er erklärte mir, er müsse in der Nachbarwohnung neue Teppiche verlegen. In den folgenden Tagen sah ich ihn mehrmals im Treppenhaus. Schön war er nicht gerade, doch irgendwie reizte er mich. Seine O-Beine kamen bestimmt vom Fußballspielen, dachte ich mir. Auch war er viel kleiner als ich. Aber immer wenn er mich sah, war er fröhlich und lachte. Es war schon mehr als Zufall, daß er immer gerade dann im Treppenhaus war, wenn ich kam. Endlich lud er mich zu einem Drink ein in die Bar an der Ecke. Natürlich wußte ich längst, daß er Romano hieß und ein eigenes Geschäft betrieb. Bald kamen wir uns näher, und Romano lud mich zum Essen ein. Es wurde ein netter Abend, aber Romano mußte früh nach Hause, weil er am nächsten Tag an einem Plauschmatch mitspielen wollte. Also brachte er mich nach Hause und wollte unbedingt, daß ich am nächsten Tag zu diesem Grümpelturnier kommen sollte. Ich versprach zu kommen, obwohl ich keine große Lust dazu hatte.

Am nächsten Tag saß ich unentschlossen im Café und überlegte mir, ob ich überhaupt hingehen sollte. Als ein guter Bekannter von mir aufkreuzte, fragte ich ihn, ob er mich nach Kilchberg fahren würde. Er brachte mich hin, und ich hielt Ausschau nach Romano. Bald entdeckte ich ihn, er spielte bereits. Die Spieler waren lustig angezogen, keineswegs wie Fußballer. Als er mich sah, freute er sich sehr und gab sich große Mühe, mir zu imponieren. Ich verstand wenig vom Fußball. Das hatte mich noch nie interessiert. Ihm zuliebe fieberte ich mit. Als das Spiel zu Ende war, kam er zu mir gelaufen und begrüßte mich überschwenglich. Wahrscheinlich wollte er mit mir angeben. Seine Mitspieler schauten denn auch alle neugierig zu uns herüber.

Ein Ehepaar mit zwei kleinen Mädchen kam uns entgegen. Romano freute sich und stellte mir das Ehepaar als seine Schwester und seinen Schwager vor. Wir waren uns auf Anhieb sympathisch, und ich war froh, nicht mehr allein zu sein, denn Romano mußte bald zum nächsten Spiel antreten.

Seine Schwester und sein Schwager waren sehr nett zu mir. Ich beschloß, die beiden zu meinem dreißigsten Geburtstag eine Woche später einzuladen. Am Abend dieses Grümpelturniers schlief ich bei Romano. Sein Schlafzimmer war sehr beeindruckend. Auf einen Knopfdruck kam ein Doppelbett unter einer Wohnlandschaft hervor, und gleichzeitig begann das Radio zu spielen. Dies hatte er alles selbst gebaut.

Daß Romano absolut kein romantischer Typ war, merkte ich sehr schnell. Ein Kuß rechts, ein Kuß links, das war's dann – ein Vorspiel kannte er nicht. Er war zwar gut gebaut, doch es war alles andere als schön, als er mich nahm. Da ich als Frau noch wenig Erfahrung besaß, dachte ich, daß das schon noch besser würde. Er aber brachte die Sache mit ein paar heftigen Stößen zu Ende. Ich war auch froh, als es vorbei war. Mich schmerzte die ganze Vagina, doch ich wollte ihm nichts davon sagen. Zu Hause nahm ich ein Sitzbad.

Trotz allem wurde Romano mein erster Freund nach der Operation.

Der Samstag kam – mein dreißigster Geburtstag. Ich konnte ihn tatsächlich so feiern, wie ich mir das vor einem Jahr gewünscht hatte: als vollwertige Frau. Damals hatte ich noch nicht ganz daran geglaubt. Aber im Leben verändert sich vieles. Ich wollte mein Glück mit beiden Händen festhalten, ich hatte zu lange warten müssen.

Romano kam gegen Abend zu mir und holte mich und meine Mutter ab. Ich hatte in einem schönen Restaurant am Ufer des Zürichsees einen Tisch reservieren lassen. Seine Schwester und sein Schwager kamen auch. Sie freuten sich sehr über meine Einladung.

Ich freute mich auch, die beiden wiederzusehen. Romanos Schwester konnte so lustige Geschichten erzählen. Als uns der Kellner an den Tisch begleitete, war ich echt überrascht: Der Tisch war mit wunderschönen Blumen dekoriert. Romano hatte dies für mich organisiert.

Das Essen war ausgezeichnet, und wir waren eine richtig fröhliche Tischrunde. Nach dem Essen fuhren wir nach Zürich. Ich wollte noch ins »Terrasse«, ein bekanntes Strip-Lokal. Eine Freundin von mir trat dort als Tänzerin auf. Mittlerweile waren wir alle etwas beschwipst und amüsierten uns prächtig. Wir tanzten. Für mich war es einfach wunderbar, ich war eine Frau, und ich war glücklich, und niemand wäre auf die Idee gekommen, daß es anders sein könnte.

Sehr spät verabschiedeten wir uns von Romanos Schwester und seinem Schwager. Die beiden wünschten uns schöne Ferien, denn wir wollten zusammen nach Griechenland fliegen.

Aufgeregt stand ich mit Romano am Flughafen – meine ersten Ferien als Frau mit einem Freund. Ich konnte es kaum glauben. Endlich wurde unser Flug aufgerufen, und wir begaben uns zum Gate und bestiegen wenig später das Flugzeug nach Griechenland. Im Flugzeug wünschten wir uns mit einem Glas Wein gegenseitig schöne Ferien.

Als wir in Athen landeten, fieberte ich richtig darauf, ans Meer zu kommen und mich an den Strand zu legen – und dies in meinem ersten Bikini. Alles würde neu für mich sein in diesem Sommer. Romano erwies sich nicht gerade als Gentleman. Er ließ mich einfach stehen mit meinem Gepäck. So schleppte ich meine Koffer allein ins Hotel. Zwei Tage wollten wir in Athen bleiben und unbedingt die Akropolis besichtigen.

Abends suchten wir ein hübsches Restaurant und gingen anschließend in ein Nachtlokal. Der Eingang war mit einem großen Sombrero beleuchtet. Bis auf wenige Tische waren bereits alle besetzt, und es fiel mir auf, daß überwiegend Männer da waren. Die wenigen Frauen konnte man ruhig als leichte Mädchen bezeichnen. Die Show war ganz gut. Dann betrat eine Sängerin die Bühne und wurde mit tosendem Beifall empfangen. Offensichtlich war sie sehr bekannt und beliebt. Sie begann mit einem griechischen Volkslied. Ihre Stimme war melodisch und kräftig. Plötzlich kam ein Teller geflogen, der genau vor ihren Füßen landete. Ich erschrak fürchterlich, schaute zu dem Tisch hinüber, von wo er gekommen war, und sah, daß der Mann bereits wieder einen Teller in der Hand hielt. Daneben stand noch ein hoher Stapel Teller bereit. Zudem brachte der Kellner jetzt an verschiedene Tische ebenfalls Teller. Jetzt ging's erst richtig los. Von allen Seiten flogen Teller auf die Tanzfläche zu Füßen der Sängerin. Romano erklärte mir, daß dies ein griechischer Brauch sei. Darüber mußte ich laut lachen. Es war einfach zu komisch. Die Bühne war inzwischen so mit Scherben übersät, daß es aussah wie Schnee. Bald darauf gingen wir. Wir wollten am nächsten Morgen auf die Akropolis.

Bereits am frühen Morgen war es sehr heiß. Da ich die Hitze nicht gewohnt war, hatte ich Bedenken, und meine Freude trübte sich etwas.

Wir wurden mit einem Bus hingebracht. Kaum ausgestiegen, machte sich Romano auf den Weg, und zwar in einem Tempo, mit dem ich nicht mithalten konnte. Durch den Krankenhausaufenthalt, die Operationen und Narkosen fehlte mir in der Tat die nötige Reserve. Ich strengte mich sehr an, denn Romano forderte mich mehrfach recht ungehalten auf, »endlich zu kommen«.

Die Sonne brannte erbarmungslos auf uns hinunter. Mir wurde beinahe übel. Oben angekommen, hatte ich keine große Lust mehr, mir all die alten Säulen anzusehen. Ich suchte nur noch nach einem Schattenplatz, was gar nicht so einfach war. Ich beschwerte mich bei Romano und machte ihm klar, daß ich keine Lust hätte, auf diese Weise den ganzen Tag unterwegs zu sein. Außerdem sah er immer hinter einem jungen Mädchen her. Das nervte mich noch mehr, und bald hatte er einen handfesten Streit entfacht. Erst wehrte ich mich, dann stieg ich allein den Berg hinunter. Ich war wütend, aber noch viel mehr traurig.

Ich war selbständig genug, um unser Hotel allein zu finden. Unterwegs kaufte ich mir ein Eis, nahm dann ein Taxi und fuhr ins Hotel. Müde und völlig verschwitzt legte ich mich aufs Bett. Ich mußte wohl eingeschlafen sein, denn als ich aufwachte, hörte ich, daß Romano bereits zurück war und duschte. Zwischen uns war es nicht mehr so, wie es sein sollte.

Am nächsten Abend flogen wir auf die Insel Skyatos. Dort hatten wir Badeferien gebucht. Das Hotel gefiel mir, doch um ans Meer zu gelangen, mußte man erst einen steilen Hügel erklimmen. Ich wußte, daß ich deshalb nicht so oft ans Meer gehen würde. Der Swimmingpool des Hotels entsprach mir besser. Das Personal war ausgesprochen freundlich, besonders ein Kellner gefiel mir gut.

Schon am nächsten Tag kam ein Grieche, der in Romanos Geschäft gearbeitet hatte, ihn besuchen. Dieser Mann war mir auf Anhieb unsympathisch. Warum, hätte ich nicht sagen können. Romano war jedoch überglücklich, kümmerte sich nur noch um den Griechen und schien vergessen zu haben, daß ich auch noch existierte.

Also freundete ich mich mit einem deutschen Ehepaar an. Wenigstens war ich so nicht mehr allein. Am Abend ging Romano allein mit dem Griechen aus dem Hotel. Zurück kam er erst spät in der Nacht. Am Morgen weckte er mich sehr früh. Er wollte zusammen mit dem Griechen einen Bootsausflug machen. Ich war enttäuscht und traurig. Romano war nicht der Mann, von dem ich geträumt hatte. Er war egoistisch und sehr von sich eingenommen. Nicht ein einziges Mal versuchte er, lieb zu mir zu sein. Er hatte nur noch diesen Griechen im Kopf, und mich ließ er buchstäblich sitzen. Natürlich ergaben sich dadurch heftige Streitereien, die täglich schlimmer wurden. Abends saß ich oft allein auf der Hotelterrasse.

Der nette Kellner hatte natürlich meine Situation längst erkannt. Offenbar war ich ihm auch sympathisch, denn als ich mich eines Abends besonders verlassen und elend fühlte, setzte er sich zu mir und nahm meine Hand. Er hatte bemerkt, daß ich im Dunkeln geweint hatte, und versuchte nun, mich in gebrochenem Deutsch zu trösten. Zum Abschied küßte er mich leise und zart. Mehr konnte ich ihm auch nicht geben, denn ich wollte im Hotel nicht als Flittchen gelten.

Romano und ich sprachen nur noch das Nötigste miteinander. Diesen Urlaub durfte man ruhig als Katastrophe bezeichnen. Wie froh war ich, nach zwei Wochen das Flugzeug nach Hause besteigen zu können. Auf dem Flughafen in Zürich-Kloten trennten sich unsere Wege für immer.

Mein Leben als Frau hatte keinen guten Anfang genommen – doch Romano war ja auch nicht mein Traummann gewesen.

Mit seiner Schwester bin ich allerdings bis heute freundschaftlich verbunden.

Diese total verpfuschten Ferien wollte ich so schnell wie möglich vergessen. Deshalb genoß ich in Zürich wieder das Leben. Ich kaufte mir ein Auto, einen gelb-weißen Chevy Camaro. Er sah hinreißend aus. Ich mußte zwar jeden Monat eine Rate bezahlen, doch das störte mich weiter nicht. An meine Zukunft dachte ich nie. Natürlich wäre es schön, später mal ein eigenes Haus zu haben. So einfach war das jedoch auch wieder nicht. Ziemlich bald merkte ich nämlich, daß ich aufgrund meines Berufs als Prostituierte diskriminiert wurde. Ich habe nie begriffen, warum, doch es schmerzte mich. Besonders aus bürgerlichen Kreisen schlug uns die größte Verachtung entgegen. Gleichzeitig stammten unsere besten Kunden aus ebendiesen Kreisen! Die Rechnung ging für mich nie auf.

Als Frau mußte ich mich in vielen Dingen den Männern unterordnen. Meine Stärke waren die Waffen einer Frau, und die wußte ich gut einzusetzen. Ich wohnte noch immer in derselben Wohnung in meiner gewohnten Umgebung. Auch jetzt noch wurde immer wieder getuschelt, wenn ich auftauchte: »Das ist ein umgebauter Mann.« Körperlich stimmte das ja auch, aber geistig war ich es nie. Meist waren es ziemlich primitive Leute, die sich so über mich das Maul zerrissen, sei es, weil sie sich interessant machen wollten oder auch nur aus Dummheit. Wenn ich an solchen Leuten vorbeiging, hob ich den Kopf, schaute ihnen voll ins Gesicht und schenkte ihnen mein strahlendstes Lächeln. Die Verlegenheit stand ihnen ins Gesicht geschrieben.

Jeden Abend nach der Arbeit war ich im »Moskito« anzutreffen. Dort spielte immer eine Liveband, zudem kannte ich Eve, die Bardame, sehr gut. Sie hatte zu meinen Kundinnen gezählt, als ich noch den Friseursalon besaß. Anfangs bereitete ihr meine neue Identität Mühe, sie begriff jedoch schnell, daß ich nun eine begehrenswerte Frau war.

Ich hatte nicht immer Lust zu tanzen und verteilte dann Körbe. Viele Gäste kamen aus dem Gastgewerbe, so auch Sergio, ein temperamentvoller Italiener. Er sah einfach super aus. Wenn er mit seinen fast schwarzen Augen zu mir hinüberfunkelte, erinnerte er mich ein bißchen an Omar Sharif. Es dauerte nur ein paar Wochen, bis ich mit ihm im Bett lag. Es war kurz und heftig in dieser Nacht. Danach war aber auch schon alles gelaufen. So kann man sich täuschen, dachte ich – meine Lehrzeit war noch lange nicht zu Ende.

Hin und wieder ging ich auch noch in einen anderen Nachtklub. Dort trafen sich meist Leute aus dem sogenannten »halbseidenen Klub«, dem Milieu, aus dem auch ich kam. Interessiert beobachtete ich die Szene, die Beziehungen zwischen Mann und Frau oder auch die Zuhälter, wie die sich aufgeplustert benahmen und ihre Frauen ausnahmslos schlecht behandelten. Doch wie sich diese miesen Typen auch aufführten, sie wurden von ihren Frauen wie Götter angehimmelt. Das verstand ich nun wirklich nicht. Nicht im Traum würde es mir einfallen, mich von so einem wie Dreck behandeln zu lassen. Für mich sah das sehr demütigend aus.

Eines Tages sah ich ein Plakat. Eine Gruppe aus Paris kündigte ihren Auftritt in Zürich an. Carussel de Paris nannten sie sich, und ich wußte, daß in dieser Gruppe viele dabei waren, die ebenfalls operiert waren. Das interessierte mich natürlich brennend, vor allem wie diese Mädchen aussahen. Ich setzte alles daran, um Billette zu bekommen.

Am Abend der Show kleidete ich mich sehr elegant: ein Cocktailkleid mit wunderschönem Modeschmuck. Ich setzte alles daran, perfekt auszusehen. An diesem Abend wollte ich ganz Dame sein. Das paßte auch besser zu mir als Strapse und hohe Stiefel. Ich konnte und mußte das Private von der Arbeit trennen. Für mich persönlich war das auch sehr wichtig. Die Männer, die ich als Dame kennenlernte, waren ganz anders zu mir. Natürlich erzählte ich keinem von meinem Beruf.

Ein Bekannter holte mich ab und begleitete mich. Unser Tisch war ganz nah an der Bühne. Ich erkannte etliche Leute aus der Homoszene. Sie starrten betreten zu mir hinüber, doch ich ließ mir nichts anmerken. Mein Bekannter und ich gaben uns sehr ungezwungen. Er bestellte Champagner, küßte mich immer wieder auf die Wange und legte den Arm um meine Schultern. Mir schmeichelte es enorm, von ihm vor allen Leuten so umsorgt zu werden. Von verschiedenen Seiten erhaschte ich eifersüchtige Blicke. Er war schließlich ein gutaussehender Mann.

Endlich begann die Show. Es war wirklich verblüffend. Auf der Bühne standen nur Superfrauen. Sie waren zwar stark geschminkt, doch ihre Bewegungen hätten nicht perfekter sein können. Die Show wurde mit einem Riesenapplaus belohnt, und die Künstler bedankten sich. Als der Applaus nicht enden wollte, bekamen wir noch eine Zugabe zu sehen. Ich war ganz aufgeregt, so riß mich das alles mit, am liebsten hätte ich mitgemacht. Nach der Show war Tanz fürs Publikum, und die Künstler mischten sich unter die Gäste. Sie wurden zu Champagner eingeladen. Noch wußte ich nicht, ob das zu ihrem Job gehörte. Auf der Toilette traf ich eine der Tänzerinnen und sprach sie an. Leider konnte sie nur Französisch, doch wir unterhielten uns auch so. Ich bat sie an unseren Tisch und bestellte noch eine Flasche Champagner. Als es Zeit zum Aufbrechen wurde, verabredeten wir uns für den nächsten Nachmittag, sie wollte etwas von Zürich sehen. Ich führte sie durch die Stadt und zeigte ihr, was sie sehen wollte. Das Mädchen gab mir auch einige nützliche Schminktips. Am Abend stellte sie mich ihrer Truppe vor. Es waren sehr anregende Stunden für mich, die nur allzuschnell vergingen.

Seit meiner Operation waren bereits acht Monate vergangen, und ich führte ein nahezu normales Leben als Frau. Immer öfter mußte ich allerdings beim Geschlechtsverkehr feststellen, daß sich meine Vagina verhärtete und mir Schmerzen bereitete. Damals hatte ich einen Freund aus Dietikon. Allzu ernst war für mich diese Beziehung nicht, doch ich brauchte auch Liebe. Das Problem meiner Vagina wurde immer akuter, und eines Nachts wurde es so extrem, daß er sein Glied nicht mehr einführen konnte. Ich flippte fast aus vor Wut und Enttäuschung und fühlte mich hundeelend. So konnte es auf keinen Fall weitergehen.

Gleich als Arno weg war, rief ich in Bern in der Klinik an und verlangte einen Termin. Bereits wenige Tage später stand ich mit einem mulmigen Gefühl in Bern.

Wieder führte mich eine Schwester ins Sprechzimmer des Arztes, wieder war ich völlig verzweifelt. Er war noch nicht da, und ich mußte eine Weile warten. Dann erschien er. Freundlich wie eh und je begrüßte er mich. Ich erklärte ihm mein Problem. Er vermutete, daß in meiner Vagina zu viele Schwellkörper seien, die eine weitere Operation nötig machten. Untersuchen konnte er mich nicht, die Störung machte sich ja nur in erregtem Zustand bemerkbar. Wir vereinbarten einen Operationstermin in zwei Wochen.

Mein Bruder war seit einiger Zeit mit einer Frau aus Bern zusammen. Desiree war meine Freundin geworden. Erst ging sie heimlich auf den Strich, nur so, um etwas dazuzuverdienen. Als ich dahinterkam, daß sie anschaffen ging, nahm ich sie nach Feierabend mit auf mein Zimmer, legte das verdiente Geld aufs Bett und sagte ihr: »Wenn du schon etwas machen willst, dann richtig – es gibt kein Dazwischen.« Desiree begriff und zog nach Zürich, wo wir von da an zusammenarbeiteten. Sie war eine gute Lehrmeisterin für mich. Ihre Umgangsformen als Frau waren perfekt, und ich übernahm vieles von ihr. Mein Bruder arbeitete als Barkeeper. Wenn wir etwas trinken wollten, gingen wir in seine Bar. Mein Bruder war sehr verliebt in Desiree und sie in ihn.

Desiree hatte eine gescheiterte Ehe hinter sich und stand vor dem Nichts. Genau wie ich wollte sie auch noch etwas mehr vom Leben. Wenn das nötige Kleingeld vorhanden ist, ist auch das Leben einfacher. Sie befand sich im gleichen Rausch wie ich. Kein Tag verging, an dem wir nicht in einer Boutique etwas anprobierten. Die zwei Wochen bis zu meiner Operation vergingen schnell, und Desiree brachte mich in ihrem Auto nach Bern.

Da ich einiges Erspartes hatte, fiel es mir nicht schwer, die Kaution für die Operation zu hinterlegen. Desiree begleitete mich noch ins Zimmer. Als ich erfuhr, daß ich am nächsten Tag noch nicht operiert würde, konnten wir noch ins Kino gehen. Wir entschieden uns für Grease mit John Travolta und Olivia Newton John. Nach dem Film genehmigten wir uns noch einen Drink, und schließlich begleitete mich Desiree zurück in die Klinik.

In jener Nacht schlief ich sehr unruhig. Am nächsten Tag bei der Visite eröffnete mir der Professor, daß er lieber einen Kollegen zur Operation beiziehen wolle und es ihm deshalb nicht möglich sei, sogleich zu operieren. Doch da war er an die Falsche geraten. Ich weigerte mich, die Klinik zu verlassen oder mich von einem anderen Arzt operieren zu lassen. Ich erklärte dem Arzt, daß ich mein Leben in seine Hände gelegt und ihm mein ganzes Vertrauen geschenkt habe. Also müsse er jetzt auch dieses Problem lösen. Als ich fertig war, versprach er mir, die Operation auf den nächsten Tag anzusetzen.

Es folgten die Vorbereitungen für die Operation mit Einlauf und allem Drum und Dran. Als ich dann allein im Zimmer lag, überkam mich die Angst. Ich wußte, daß mich wieder diese Schmerzen erwarteten. Ich sah jedoch keinen anderen Ausweg.

Am nächsten Morgen brachte mich ein Pfleger in den OP. Alles lief ab, wie ich es bereits kannte. Bevor ich einschlief, merkte ich noch, daß ich fror.

In der Aufwachphase hatte ich einen seltsamen Traum, den ich Desiree und meiner Mutter erzählte, die an meinem Bett saßen. Ich sah eine kleine Kirche mit einem Gang, der zum Altar führte. Davor stand eine Braut in einem wunderschönen Kleid. Ich konnte plötzlich ihr Gesicht erkennen: Ich war diese Braut. Links und rechts standen Bräutigame, beide ohne Gesicht. Was konnte das wohl bedeuten? »Vielleicht wirst du einmal heiraten«, meinte meine Mutter.

Ich litt heftige Schmerzen, doch ich mußte da durch. Arno, mein Freund, hatte mich sitzenlassen. Da es ohnehin keine tiefschürfende Sache gewesen war, belastete es mich aber nicht groß. Hingegen war meine Familie stets da, wenn ich sie brauchte, so auch jetzt wieder. Ich verdanke ihnen so viel, Desiree gehörte nun auch zur Familie, sie war bereits verlobt mit meinem Bruder.

Einige Tage später konnte ich bereits wieder auf dem Flur spazierengehen. Da traf ich Remo. Er war groß und sah sehr gut aus. Im Aufenthaltsraum lernten wir uns besser kennen und verliebten uns ein bißchen ineinander. Wenn Besuchszeit war, huschten wir in unsere Zimmer, denn Remo hatte eine Freundin. Allerdings klappte es nicht mehr so gut mit der Beziehung. Neugierig, wie ich war, blieb ich einmal auf dem Flur, um sie zu sehen. Sie war so ziemlich das Gegenteil von mir, rothaarig und etwas mollig, aber sie sah ziemlich hübsch aus. Nach der Besuchszeit trafen sich Remo und ich sogleich wieder im Aufenthaltsraum.

Eines Morgens kam Remo mit einem Rollstuhl in mein Zimmer und holte mich ab zu einem Kaffee im Krankenhausrestaurant. Zu Fuß durfte ich nämlich noch nicht so weit gehen. Als ich im Rollstuhl saß, ging die Fahrt los – erst in den Lift, dann durch einen unterirdischen Gang, wieder hoch mit einem andern Lift, bis wir endlich im Café ankamen. Zum ersten Mal waren wir allein. Natürlich saßen noch andere Gäste im Lokal, aber die kannten uns nicht. Wir sprachen über seine Operation, die vom selben Arzt ausgeführt worden war wie meine. Sodann unterhielten wir uns über meine Operation, mit all den damit verbundenen Problemen. Noch nie hatte ich jemanden getroffen, der größeres Verständnis für mich hatte. Er unterbrach mich nicht, hörte einfach zu und hielt mir dabei die Hand. Danach sprachen wir nie mehr davon, aber in diesem Moment gehörten wir zusammen. Wir hatten beide noch Schmerzen, doch die spürten wir kaum, wenn wir zusammen waren.

Natürlich merkten die Schwestern auf der Station bald, daß wir dauernd beieinandersaßen. Besonders eine wachte gut über uns. Remo gefiel ihr offensichtlich auch. Jeden Abend saßen wir zusammen vor dem Fernseher oder unterhielten uns im Korridor auf unbequemen Stühlen. Dann begleitete mich Remo bis zu meinem Zimmer und verabschiedete sich mit einem Kuß.

Eines Tages saß Remo in meinem Zimmer, und ich hatte Probleme mit meinem Katheter. Ich saß im Bett, zog mein Nachthemd hoch und wollte die Sache in Ordnung bringen. In diesem Moment kam die Krankenschwester, die ein Auge auf Remo geworfen hatte, zur Tür herein und wies uns zurecht. Sie werde den »Vorfall« melden müssen. Remo hatte ziemlich abseits von mir gesessen, und er hätte ohnehin nichts sehen können, da mein Unterleib vollkommen eingebunden war. Ich saß fassungslos da und zog mein Nachthemd wieder herunter. Remo begann zu lachen. Später mußten wir tatsächlich aufs Büro. Der Schwester zufolge hatte es den Anschein einer unzüchtigen Handlung gehabt. Remo machte allerdings sehr deutlich, daß sie offensichtlich etwas anderes hatte sehen wollen, als zu sehen war. Wir setzten uns durch, und sie mußte sich schließlich sogar entschuldigen. Mir kam das Ganze wie ein Rachemanöver vor. Sie war ganz einfach eifersüchtig.

Remo durfte das Spital drei Tage vor mir verlassen. Wir tauschten unsere Adressen aus und verabredeten uns. Als er ging, wurde mir ganz schwer ums Herz, und ich schaute ihm nach, bis er verschwunden war.

Endlich durfte auch ich nach Hause. Desiree holte mich ab und brachte mich in die Wohnung meiner Mutter. Am Samstag besuchte mich Remo, und da meine Mutter in Zürich geblieben war, waren wir allein. Ich kochte eine Kleinigkeit, dann setzten wir uns ins Wohnzimmer. Ich kuschelte mich vorsichtig an Remo. Bei jeder ungeschickten Bewegung machten sich die Schmerzen noch immer recht heftig bemerkbar. Remo legte den Arm um meine Schultern und drückte mir immer wieder einen Kuß auf meine Haare. So sahen wir uns eine Unterhaltungssendung an. Ich sah auf den wunderschönen Blumenstrauß, den er mir mitgebracht hatte, und wünschte mir, daß er mich einmal richtig küssen würde. Auf dieses erste Treffen hatte ich mich von ganzem Herzen gefreut. Mit diesem Mann wollte ich zusammensein, wenn ich auch körperlich wieder lieben konnte – das lag jedoch noch in weiter Ferne.

Remo warnte mich, daß mein Leben nun bestimmt härter würde. Er konnte ja nicht wissen, daß ich als Prostituierte schon einige Erfahrungen hinter mir hatte. Dies hatte ich ihm geflissentlich verschwiegen. Remo hätte das schlecht verkraftet.

Bald einmal zog ich wieder nach Zürich in meine Wohnung. Remo rief mich zwar noch gelegentlich an, seine Anrufe wurden jedoch immer spärlicher und kürzer. Schließlich gestand er mir, daß er wieder mit seiner Freundin zusammen war. Als ich den Hörer auflegte, heulte ich los. Doch das Leben ging weiter, und ich mußte jetzt wieder für mich sorgen.

Weihnachten verbrachten Mutter und ich zusammen, und ich war froh, als die Festtage vorüber waren. Ich hatte mich immer schon schlecht gefühlt in dieser Zeit. Nach den Feiertagen ging ich mit einer Kollegin in eine Bar. An der Theke bediente ein attraktiver Farbiger. Er schaute immer wieder zu mir herüber, und ich lachte ihm zu. Als meine Kollegin mein Interesse bemerkte, meinte sie nur, sie könne mit dieser Art Männer nichts anfangen. Mich hatte das Außergewöhnliche jedoch schon immer fasziniert, und ich beobachtete ihn genauer. Die Leute nannten ihn Lucky. Als ich diesen Namen hörte, war ich nicht gerade begeistert. Bis dahin war das für mich ein Hundename gewesen. Sein Lachen und seine glänzenden, kleinen Löckchen gefielen mir. Wenn er lachte, sah er aus wie ein Lausbub.

Allzu lange konnte ich an dem Abend nicht dableiben. Ich war noch nicht ganz gesund, und das lange Sitzen setzte mir zu. Also gingen wir, und Lucky rief uns ein fröhliches »Tschüs« hinterher. Daß ich ihn wiedersehen würde, war bereits beschlossene Sache. Meine Kollegin stellte sich auf ihren Standplatz, und ich ging nach Hause.

Ich nahm wieder fleißig meine Kamillosan-Sitzbäder, um den Heilungsprozeß zu beschleunigen. Trotz peinlicher

Hygiene machte sich jedoch ein unangenehmer Geruch bemerkbar. Ja es wurde sogar immer schlimmer. Ich wurde sehr unsicher. Dies war bei den ersten beiden Malen nach der Operation nicht so gewesen. Eines Morgens nach dem Duschen löste sich das Rätsel. Ich bemerkte, daß etwas wie eine Kruste aus meiner Scheide kam, und zog daran. Heraus kam ein langes Stück Gaze, das offensichtlich beim Entfernen der Verbände übersehen worden war. Durch das tägliche Prothesetraining hatte ich diese Gaze immer wieder zurückgeschoben. Nun konnte ich den Deospray, den ich deswegen stets bei mir trug, endlich zu Hause lassen.

Da ich nicht voll arbeiten konnte und auch selten eine Massage machen konnte, schmolzen meine Ersparnisse wie Schnee an der Sonne. Die Rechnungen mußte ich trotzdem begleichen, und die Kosten für den Krankenhausaufenthalt standen auch noch aus. So teilte ich denn meine Finanzen genau ein und kaufte nur noch das Allernötigste. Essen konnte ich im Restaurant bei meiner Mutter. Ich mußte einfach irgendwie über die Runden kommen, bis ich wieder arbeiten konnte.

Silvester verbrachte ich allein in einer Disco. Da ich mehrere Leute vom Personal kannte, war ich nicht ganz allein. Zwischendurch setzte sich immer wieder einer davon an meinen Tisch zu einem kleinen Schwatz. Natürlich kamen auch fremde Männer und forderten mich zum Tanzen auf, doch ich konnte noch nicht tanzen, der Arzt hatte mir jede Anstrengung verboten. Die Operationswunden waren noch nicht richtig verheilt. Ich war ja auch erst zwei Wochen aus dem Krankenhaus. Mit der Zeit hatte ich den Eindruck, daß mich die abgewiesenen Tänzer für eine eingebildete Ziege hielten, also ging ich. Mein Bruder arbeitete in einer Bar in der Nähe meiner Wohnung. Da ich sicher sein konnte, daß auch Desiree dort war, ging ich noch auf einen Drink zu ihnen. Ich entdeckte Desiree gleich, und sie rückte ein Stück zur Seite, um mir Platz zu machen. Sie saß inmitten einer fröhlichen Runde, und es herrschte eine tolle Stimmung. Ich vergaß bald, daß ich Silvester allein feiern mußte, und wurde von der guten Laune der anderen angesteckt. Als um Mitternacht die Glocken läuteten, rannen mir aber doch noch die Tränen übers Gesicht. Ich fühlte mich einsam und ungeliebt. Niemand nahm mich in die Arme, küßte mich und wünschte mir ein frohes neues Jahr. Desiree bemerkte meinen Kummer und tröstete mich. Sie gab mir Mut und Kraft, die Krise zu überwinden. Ich schwor mir, nie mehr allein zu bleiben.

Den Neujahrstag verbrachte ich mit meiner Mutter in meiner Wohnung. Am Nachmittag kam Desiree auf einen Sprung vorbei. Sie wollte sicher sein, daß ich mich wieder besser fühlte. Meine Traurigkeit hatte ich überwunden. Ich sagte mir, es kann nur besser werden. Das vergangene Jahr war eine große Belastung für mich gewesen, oft hatte ich mich ausgelaugt und überfordert gefühlt.

Am 2. Januar begann wieder ein neuer Lebensabschnitt für mich. Er sollte mir viel Freud, aber auch viel Leid bringen. Gegen Abend ging ich in die Bar, in der Lucky arbeitete, in der Hoffnung, ihn dort anzutreffen. Meine Enttäuschung war groß, als ich beim Eintreten sah, daß ein anderer Dienst hatte. Ich fragte die Wirtin nach ihm, und sie sagte, Lucky habe heute frei, gab mir aber zu verstehen, daß er auch an seinen freien Tagen oft herkam. Also bestellte ich einen Drink und wartete.

Und er kam tatsächlich. Ich blühte richtig auf, als ich ihn sah. Lucky setzte sich drei Stühle weiter an die Bar, bestellte ein Bier und unterhielt sich mit Bekannten. Immer wieder zwinkerte er mir zu, und ich wurde sehr verlegen. Ich merkte sogar, wie ich errötete, wenn sich unsere Blicke trafen. Plötzlich brachte mir die Bardame ein Glas Champagner, spendiert von Lucky. Als ich mich zu ihm umdrehen wollte, stand er bereits hinter mir. Wir tranken zusammen auf ein gutes neues Jahr. Als er mich auf beide Wangen küßte, ging ein Schauer durch meinen Körper. Lucky setzte sich neben mich und sagte mir, richtig heiße er Jules. Das gefiel mir entschieden besser. Ich wollte ihn nie wieder Lucky nennen.

Meinen Namen kannte er bereits, er hatte die Bardame gefragt. Wahrscheinlich hatte sie ihm auch noch mehr verraten. Bald waren wir in eine Diskussion verwickelt, bestellten immer wieder neue Drinks. Ich wurde immer lockerer. Wir lachten und flirteten miteinander. Plötzlich stand Jules auf und sagte: »Rosalin, ich muß für dich eine Schallplatte drücken.« Er ließ Elvis Presley »Kiss me quick« singen. Verlegen schaute ich Jules in die Augen, die glänzten wie Sterne vor Glück – natürlich war es auch der Alkohol. Er nahm mein Gesicht in seine großen, dunklen Hände, streichelte mich und küßte mich mit seinen vollen Lippen mitten auf den Mund. Ich nahm nichts mehr wahr, was rund um uns vorging. Ein seltsames Gefühl überkam mich, und ich fragte mich, ob das wohl die große Liebe sei. Jules ließ mich wieder los und verriet mir, ich hätte ihn vom ersten Moment an fasziniert. Es sei Liebe auf den ersten Blick gewesen. Mir war es genauso ergangen. Ich war jedoch so überwältigt, meine Kehle war wie zugeschnürt. Ich brachte kein Wort heraus. Ich nahm einen kräftigen Schluck aus meinem Glas, dann gestand ich Jules, daß ich mich schon am ersten Abend in ihn verliebt hätte.

Die Stunden verflogen im Nu. Es war schon fast halb eins, die Bar wurde geschlossen. Jules und ich wollten uns noch nicht trennen, wir waren in bester Stimmung und kein bißchen müde. Wir beschlossen, in einen Privatclub in der Nähe der Bellevues zu gehen. zu Fuß machten wir uns auf den Weg. Jules legte seinen Arm um meine Taille, und engumschlungen wandelten wir durch die Nacht. Beim Klub angekommen, bezahlte Jules den Eintritt auch für mich. Man kannte ihn dort gut. Mit dem Lift fuhren wir mehrere Stockwerke hoch. Das Lokal war überfüllt, und die Musik war so laut, daß wir uns anbrüllen mußten, um einander zu verstehen. Ganz hinten in einer Ecke ergatterten wir uns einen Platz.

Auf der Tanzfläche war einiges los. Als ein langsames Stück gespielt wurde, wollte Jules mit mir tanzen. Ich fühlte mich wohl genug, um mitzugehen. Schmerzen verspürte ich keine, da ich meine Prothese zu Hause gelassen hatte, um besser sitzen zu können. Natürlich waren verschiedene Leute da, die uns kannten, und es wurde eifrig getuschelt. Uns war das jedoch völlig gleichgültig. Wir waren verliebt und schwebten im siebten Himmel. Ich war aufgestellt wie seit langem nicht mehr und machte mir keine Sorgen darüber, ob Jules etwas über meine Vergangenheit wußte. Ich genoß es einfach, mit ihm zusammenzusein. Wir blieben, bis der Tag anbrach. Aber noch immer wollten wir nicht nach Hause. Mit einem Taxi ließen wir uns in ein Lokal für Verliebte und solche, die den Heimweg noch nicht unter die Füße nehmen wollten, bringen. Ganz nüchtern waren wir beide natürlich nicht mehr. Verschiedene Leute grüßten Jules, alle nannten ihn Lucky. Ich war sehr stolz, in seiner Begleitung zu sein. Da wir beide sehr hungrig waren, bestellten wir uns etwas zu essen, ich Zürichgeschnetzeltes und Jules Leber mit Rösti.

Gelegentlich kamen Kollegen von Jules an unseren Tisch, um ihm ein gutes neues Jahr zu wünschen, und musterten mich kritisch. Jules stellte mich als seine Freundin vor. Da ich mich inzwischen recht verkatert fühlte von der durchzechten Nacht, genoß ich den heißen Kaffee richtig, er belebte meine Lebensgeister wieder etwas. Jules und ich verstanden uns prächtig.

Ganz in der Nähe war Jules' Zimmer, und er bestand darauf, daß ich noch zu ihm kam. Er wollte mir seine Plattensammlung zeigen. Das Zimmer war klein und nicht sehr geschmackvoll eingerichtet. Wenigstens konnte ich mich aufs Bett setzen.

Die Schallplatte, die er mir vorspielte, klang in meinen Ohren ziemlich fremdartig. Ich erkannte, daß auch schwarzes Blut in seinen Adern floß. Jules erzählte mir, daß seine Mutter Deutsche, sein Vater Schwarzafrikaner sei. Er sei jedoch in einer Schweizer Familie aufgewachsen. Als er zu ihnen kam, sei er in einem bedenklichen Zustand gewesen, krank und völlig abgemagert. Seine Pflegefamilie habe sich um ihn gekümmert und ihm die Liebe geschenkt, die er vorher allzusehr vermißt hatte.

Natürlich wußte er über mich Bescheid. Wie ich vermutet hatte, hatte ihm die Bardame alles über mich erzählt. Jules erklärte mir jedoch, daß ihn das Geschwätz der Leute nicht interessiere. Für ihn sei ich Rosalin, das einzige, was für ihn zähle. Nun wußte ich auch, warum er so ungezwungen auf mich wirkte. Seine Einstellung gefiel mir, und ich verliebte mich immer mehr in ihn. Als er mich das erste Mal küßte, mit einer Wildheit, die mich fast aufs Bett warf, hatte er mich endgültig in der Hand.

Jules wußte, daß ich ihm keine körperliche Liebe schenken konnte an diesem Morgen, doch unsere Zeit würde noch kommen, da war ich mir sicher. Jules war verständnisvoll und tröstete mich, es gebe ja viele Möglichkeiten, sich zu lieben. Für ihn sei das jedoch noch kein Thema.

Gegen Mittag fuhren wir endlich in einem Taxi zu meiner Wohnung. Auf dem Heimweg konnte ich die Augen kaum mehr offenhalten. Im Badezimmer schminkte ich mir ab, was von meinem Make-up noch übrig war. Als ich ins Bett stieg, schlief Jules bereits. Lange konnte er nicht mehr schlafen. Sein Dienst begann um vier Uhr nachmittags. Wir hatten ausgemacht, daß ich ihn am Abend in der Bar aufsuchen würde. Müde, aber glücklich schlief ich neben Jules ein.

Als ich aufwachte, war es draußen bereits wieder dunkel. Meine Mutter hatte Ferien und war in ihrer Wohnung in Bern. Meine Hündin L'amour war bei ihr. Natürlich wollte ich ihr die Neuigkeit sofort mitteilen und rief sie an. Glücklicherweise war sie zu Hause. Ich erzählte ihr von Jules und meiner großen Liebe zu ihm. Meine Mutter hörte zu und bemerkte zum Schluß nur lakonisch: »Das wird mir wieder einer sein.« Manchmal konnte sie einem jede Freude nehmen. Als ich ihr dann auch noch sagen mußte, daß Jules ein Schwarzer war, vorschlug es ihr die Sprache. Am anderen Ende der Leitung blieb es lange ruhig. Dann meinte sie nur trocken, ich müsse selbst wissen, was ich tue. Ich sagte ihr, daß ich diesen Mann heiraten würde, wenn er mich fragen sollte. Falls Jules einen freien Tag haben sollte, würden wir sie in Bern besuchen. Ich hatte es wieder einmal geschafft, meine Mutter zu schockieren, doch mein Wunsch zu heiraten wurde immer drängender.

Ich stand auf und duschte. Danach machte ich mich schön für Jules. Zwei Stunden später saß ich bei ihm an der Bar. Er küßte mich vor allen Leuten – einige darunter machten große Augen.

Jules hatte mir in der Nacht zuvor beteuert, daß er keine Schwierigkeiten mit meiner Arbeit und meiner Vergangenheit habe. Er habe einen breiten Rücken, für ihn gäbe es nur eine Rosalin. Ich wußte, er würde noch mit so manchem konfrontiert werden. Mir war egal, was die Leute von mir hielten – ich war verliebt und blind dazu.

Immer wieder suchten sich unsere Blicke, wir konnten einander nicht genug ansehen. Die meistgespielte Schallplatte an diesem Abend war »Amor, Amor, Amor«. Das Lied hatte einen südamerikanischen Rhythmus und wurde zu »unserem« Lied.

Jules sagte mir, er habe am nächsten Tag frei. Also schlug ich ihm vor, meine Mutter in Bern zu besuchen. Er war einverstanden. Da er zuwenig geschlafen hatte, wollte er nach der Arbeit sofort nach Hause ins Bett. Natürlich würde Jules wieder bei mir schlafen, passieren konnte ja nicht viel, ich trug immer noch meine Prothese. Ich hatte große Angst, es könnte wieder zu einer Schrumpfung kommen. Jules hatte Verständnis dafür. Ich erklärte ihm alles ganz genau. Jules rechnete ab in der Bar, und wir machten uns engumschlungen auf den Heimweg. Wir schmusten miteinander, bevor wir aneinandergekuschelt einschliefen.

Am Morgen wachte ich früher auf als sonst. Ich war es nicht gewohnt, daß jemand in meinem Bett schlief. Ich wagte kaum, mich zu bewegen, stand leise auf und schlich in die Küche, um Frühstück zu machen. Ich stellte alles auf ein Tablett, kochte Kaffee und trug alles ins Schlafzimmer.

Jules schlief immer noch. Ich küßte ihn zart und flüsterte ihm leise zu: »Jules, aufstehen, Frühstück ist fertig.« Nach einem langen, innigen Kuß frühstückten wir zusammen.

Später rief ich meine Mutter an und kündigte unseren Besuch an. Wir würden etwa gegen Mittag eintreffen. Meine Mutter fragte mich nochmals, ob es mir mit dem Heiraten wirklich ernst sei. Ich antwortete: »Wenn er mich fragt, ob ich seine Frau werden wolle, sage ich ja.« Schließlich war ich bereits dreißig Jahre alt. Jules, der das Gespräch im Nebenzimmer mitgehört hatte, stand plötzlich neben mir und bedeutete mir, daß er mit meiner Mutter sprechen wolle. Ich gab ihm den Hörer, und er fragte meine Mutter, was sie gegen das Heiraten hätte. Er versprach ihr aber, wir würden sie erst einmal besuchen kommen. Als ich aufgelegt hatte, nahm mich Jules in die Arme und fragte mich, ob ich ihn wirklich heiraten wolle. Verblüfft schaute ich in sein Gesicht. Da erkannte ich, daß er es ernst meinte. Ich antwortete: »Ja, ich will.«

Das war am dritten Tag unserer Bekanntschaft. Glücklich küßten wir uns. Ich war nun seine Braut und zukünftige Frau.

Mittags trafen wir in Bern ein, meine Mutter schaute bereits erwartungsvoll aus dem Fenster, als wir parkten. Ich sah ihr an, daß sie sehr nervös war. Jules gelang es schnell, sie mit seinem Charme um den Finger zu wickeln. Zuletzt war sie überzeugt von ihm. Was meine Mutter und ich damals nicht wußten, war, daß Jules ein hervorragender Schauspieler war.

Plötzlich warf sich Jules vor meiner Mutter auf die Knie und bat sie um die Hand ihrer Tochter. Die Situation war wirklich komisch, und wir lachten herzhaft. Meine Mutter unterließ es nicht, uns noch einmal zu warnen. Wir sollten längere Bedenkzeit für diesen Entschluß einräumen. Ich wies darauf hin, daß eine lange Bedenkzeit auch keine Gewähr für eine gute Ehe böte. Ich war mir ja so sicher, daß mit uns alles gutgehen würde. Etwas widerstrebend gab sie uns schließlich ihren Segen, doch nicht, bevor sie nicht Jules gewarnt hatte, er würde sie von einer anderen Seite kennenlernen, falls er mich unglücklich mache.

Das Gefühl, bald zu heiraten, bald eine verheiratete Frau zu sein, war so stark, daß ich alles andere um mich herum kaum mehr wahrnahm. Ich schwelgte im Glück und konnte es nicht verbergen. Ich strahlte wie eine Sonne. Ich stellte mir vor, mein Eheglück würde mich für alles, was mir in meinem Leben widerfahren war, entschädigen.

Das würde wieder Gesprächsthema Nummer eins sein in meinem Viertel. Als wir am Abend nach Zürich zurückfuhren, kam meine Mutter mit. Wir wollten den Tag richtig feiern. Wir aßen in einem gemütlichen Lokal.

Sogar L'amour bekam etwas Gutes. Sie bewies jedoch nicht gerade viel Geschmack und verschlang alles wie ein Staubsauger. Nach dem Essen gingen wir in »unsere« Bar und tranken eine Flasche Sekt. Wir erzählten jedoch noch niemandem etwas von unserer Heirat. Jules wollte bei sich zu Hause schlafen. Er brauchte frische Wäsche, da er am nächsten Tag wieder arbeiten mußte.

Am Sonntagnachmittag waren wir bei Jules' Mutter eingeladen. Natürlich wollte sie mich kennenlernen, obwohl sie noch nichts von unseren Absichten wußte. Ich fand es verfrüht, ihr dies jetzt schon zu erzählen. Wir setzten uns ins Auto und fuhren nach Zug.

Sie war eine einfache, aber sehr nette Frau, schon über siebzig. Man sah ihr an, daß sie viel Bitteres durchgemacht hatte im Leben, ihr Rücken war gramgebeugt. In ihrer netten Art schloß sie mich jedoch schnell in ihr Herz.

Ich durfte sie sogar Mutti nennen. Was ich nicht wußte, ja nicht einmal ahnte, war, daß Jules ihr Sorgenkind war.

Jules führte mich im Haus herum. Überall standen antike Möbel ungebraucht herum. Wir würden etliche Stücke erhalten, meinte Jules zu mir, sie habe es ihm versprochen. Mir gefielen diese schönen Möbel natürlich gut, denn ich liebe Antiquitäten. Doch erst mußten wir eine passende Wohnung finden.

Zum Abendessen gab es einen ausgezeichneten Braten mit Kartoffelpüree und Salat. Als wir uns von Mutti verabschiedeten, fragte ich mich, was sie wohl sagen würde, wenn sie wüßte, daß Jules und ich bald heiraten wollten. Natürlich hatten wir aber noch viele Vorbereitungen zu treffen, bis es soweit war. Das Datum stand noch nicht fest.

Ende Januar kündigte Jules sein kleines Zimmer und zog zu mir. Natürlich bemühten wir uns beide um eine größere Wohnung. Das war aber gar nicht so einfach. Ich mußte bald einmal feststellen, daß es auch bei uns in der Schweiz Rassenprobleme gibt. Viele Absagen erhielten wir, weil Jules ein Farbiger war. Doch schließlich hatten wir Glück. In Zürich-Höngg fanden wir eine schöne Wohnung. Billig war sie allerdings nicht, doch da wir beide arbeiteten, konnten wir es uns leisten.

Da die Wohnung Ende April bezugsbereit war, machten

wir uns auf Möbelsuche. Wir wollten ein schönes Schlafzimmer und ein tolles Wohnzimmer. Bald hatten wir das Gesuchte gefunden. Da wir beide kein Geld hatten, mußten wir jedoch einen Kredit aufnehmen. Natürlich mußte ich unterschreiben. Jules hatte immer eine einleuchtende Ausrede, wenn es um solche Dinge ging. In meiner Verliebtheit übersah ich solche Details jedoch.

Die Tage und Wochen flogen nur so dahin. Im März fuhren wir mit dem Zug nach Ulm. Das war Jules' Heimatort. Dort holten wir alle erforderlichen Papiere für unsere Heirat. Jules benötigte einige Dokumente mehr als ich, um in der Schweiz heiraten zu können.

Abends, als wir bei Verwandten übernachteten, machte ich mich im Badezimmer noch frisch. Seit ein paar Tagen trug ich keine Prothese mehr. Jules hatte das auch gemerkt. Also wollte ich bereit sein für seine Liebe. Als ich ins Zimmer trat, rauchte Jules im Bett. Ich wickelte mich aus dem Handtuch. Jules hob die Bettdecke, und ich schlüpfte darunter. Er drückte die Zigarette aus und wandte sich mir zu. Mein Herz klopfte wie wild vor Aufregung, und ich merkte, wie mir heiß wurde. Ich transpirierte aber nicht vor Erregung, sondern aus Angst. Es kam mir vor wie eine vorverlegte Hochzeitsnacht. Nun würde ich mit dem Mann meines Herzens das erste Mal nach der Operation schlafen. Jules spürte meine Angst und streichelte mich besänftigend. Als er dann vom Hals an abwärts meinen ganzen Körper küßte, war meine Angst verflogen. Ich wollte nur noch Liebe geben. Alles, was ich für Jules empfand, gab ich ihm. Ich setzte mich vorsichtig auf sein Glied. Es war schön, mit ihm eins zu werden. Er zeigte mir die verschiedensten Liebesstellungen, und ich genoß alles sehr – wir verschmolzen in großer Harmonie. Als wir zum Orgasmus kamen, vergaß ich mich, und Jules mußte mir den Mund zuhalten, damit uns niemand hören konnte. Klatschnaß klebten wir aneinander. Mein zukünftiger Mann war ein wunderbarer Liebhaber – so schliefen wir ein.

In Zürich lagen meine Papiere bereits im Briefkasten. Also war unser nächster Schritt der Gang zum Stadthaus, um uns anzumelden. Jetzt war es aber wirklich an der Zeit, Mutti in unsere Pläne einzuweihen. Sie war total überrascht, freute sich jedoch sehr. Sie war froh, daß Jules in geregelte Verhältnisse kam. Da sie wußte, daß wir wenig Geld hatten, anerbot sie sich, die Hochzeit zu bezahlen. Natürlich waren wir beide froh über ihre Großzügigkeit.

Am nächsten Tag war ich mit Desiree verabredet, um mit ihr das Brautkleid auszusuchen. Jules und ich wollten im Mai heiraten.

Desiree und ich gingen in ein gutes Fachgeschäft. Ich wollte »einen Traum in Weiß«. Mit meiner Hochzeit wollte ich meine letzte Bestätigung als Frau erleben. Ich probierte zahlreiche Modelle, bis ich das richtige gefunden hatte. Ich entschied mich für ein Satinkleid mit Organza, reichen Stickereien und Spitzen. Hinten war das Kleid zu einer Schleppe gearbeitet, die mit wunderschönen Rüschen dekoriert war. Dazu wollte ich unbedingt einen langen Brautschleier mit einem Brautschmuck aus weißen Rosen. Das Ganze sah zauberhaft aus, und ich fand mich hinreißend. Auch Desiree war begeistert.

Natürlich hätte ich die Presse informieren können – ich war damals die erste Frau in der Schweiz, die nach einer Geschlechtsumwandlung vor den Traualtar trat –, ich tat es jedoch nicht. Bestimmt hätten viele unser Glück in den

Schmutz gezogen. Damals hätte das noch als echte Sensation gegolten. Das nötige Verständnis fehlte den Leuten. Zudem wollte ich auch Jules vor Angriffen schützen. Bestimmt hätte es geheißen, er sei nicht ganz normal, oder er wäre verspottet worden. In ein paar Jahren würden die Leute vielleicht mehr Verständnis und Toleranz aufbringen für eine Frau aus dem OP.

Eine Woche später mußte ich nochmals zur Anprobe. Diesmal ging ich allein hin. Desiree sollte mich erst am Tag meiner Hochzeit sehen. Ich widmete mich nun Jules' Bekleidung. Schließlich sollte er zu mir passen. Wir entschieden uns für eine schwarze Smokinghose, dazu ein weißes Dinnerjackett. Diese Kombination stand ihm fabelhaft, er sah echt gut aus. Natürlich mußten noch schwarze Lackschuhe her.

Mutti wußte nun, daß wir im Mai heiraten würden. Sie gab eine Party in ihrem Haus, um unsere Verlobung bekanntzugeben. Nur die engsten Familienangehörigen waren eingeladen, aber es war ein schönes Fest. Mutti versicherte mir, sie sei froh, wenn Jules unter die Haube komme, dann brauche sie sich keine Sorgen mehr um ihn zu machen, vor allem auch wenn sie einmal nicht mehr da sei. Sie teilte mir ziemlich offen mit, daß ihr Jules in der Vergangenheit viel Sorgen bereitet hatte. In meiner Verliebtheit hatte ich dafür jedoch kein offenes Ohr.

Sie kam wie versprochen für unser Hochzeitsfest auf; außerdem durften wir uns für unsere Wohnung einige antike Möbel aussuchen. Das war ein tolles Geschenk, und wir freuten uns sehr darüber, wir hatten ja beide nichts gespart.

Niemand hatte Einsprüche erhoben gegen unsere Heirat, also legten wir den Termin fest: Am 24. Mai 1980 würde unsere Hochzeit stattfinden.

Wir erstellten eine Gästeliste und hatten bald fünfzig Personen zusammen. Jules hatte nämlich noch sechs Halbgeschwister in Deutschland, alle mit Familie. Ich hatte sie kennengelernt, als wir seine Papiere holten. Von meiner Seite kam nur eine Kusine mit ihrem Mann und meine Familie. Die Verwandten meines Vaters hatte ich seit seinem Tod nie mehr gesehen. Vielleicht würde ich ihnen nach der Hochzeit ein Foto von Jules und mir schicken.

Unsere Wohnung hatten wir bereits bezogen und eingerichtet. Unsere modernen neuen Möbel, kombiniert mit den antiken von Mutti, gaben der Wohnung einen ganz besonderen Charme und einen Hauch von Exklusivität. Auch meine Mutter übersiedelte von Bern nach Zürich zu uns, weil Jules dies so wollte. Da sie in Zürich arbeitete, konnte sie sich die Miete in Bern sparen. Also gab sie ihre Wohnung auf.

Jules und ich hatten auch schon die ersten kleinen Streitereien hinter uns, doch gab ich der Hektik der Hochzeitsvorbereitungen die Schuld dafür. Der Alltag hatte mich auch wieder eingeholt. Ich brauchte Geld und arbeitete wieder auf der Straße. Mein zukünftiger Mann akzeptierte das widerspruchslos. Ich dachte mir nichts dabei, denn auch andere Mädchen meiner Branche hatten ihre Partner.

Meine Mutter fand eine gute Arbeit in einem Solarium. Da viele nette Leute kamen, gefiel es ihr sehr gut. Manchmal erschienen gar Prominente, um sich bräunen zu lassen. Dann war meine Mutter ganz stolz.

Daß Jules dem Alkohol zusprach, entging mir natürlich

nicht. Ich schrieb es der Nervosität vor der Hochzeit zu. Oft rauchte er auch Hasch. Zusammen mit dem Alkohol machte ihn das sehr aggressiv. Ich hielt mich zurück, damit es keinen Streit gab.

Obwohl ich vieles einfach nicht sehen wollte, geschah zwei Wochen vor unserer Hochzeit das Unvermeidliche. Jules war wieder einmal in einem bedenklichen Zustand, flippte völlig aus und schlug mich zum ersten Mal brutal zusammen. Ich schrie ihn an und flüchtete mich ins Schlafzimmer. Aus Angst, Jules könnte nochmals zuschlagen, schloß ich die Tür ab. Doch dann hörte ich, daß er die Haustür hinter sich zuschlug, öffnete die Schlafzimmertür und sah meine Mutter mit dem Hund auf ihren Knien total verstört dasitzen. Sie schaute mich an und fragte: »Willst du so einen miesen Typen heiraten?« Nein, das wollte ich nicht, ich wollte die Hochzeit abblasen. Ich war außer mir. Wut und Verzweiflung hatten mich gepackt, und ich rief Desiree an, um ihr mein Leid zu klagen. Sie versprach, sofort zu kommen, und hielt auch Wort. Sie war sofort bei mir und tröstete mich, was ihr auch gelang. Heiraten wollte ich diesen Kerl nun aber wirklich nicht mehr.

Am nächsten Tag ging ich wie gewohnt zur Arbeit und traf dabei Desiree. Sie wollte mit mir reden. Wir gingen in die kleine Wohnung, in der ich nun arbeitete. Desiree riet mir dringend, ich solle mich wieder mit Jules versöhnen, für mich stünde einfach zuviel auf dem Spiel. Niemand würde mir glauben, daß ich es war, die die Hochzeit platzen ließ. Die Schadenfreude meiner Neider wäre perfekt. Kurz gesagt, ich würde mich geradezu unmöglich machen. Als sie mir prophezeite, die Leute würden mich als sitzengelassene umgebaute Braut verspotten, sah auch ich schwarz. Sie meinte, falls sich Jules wirklich als unmöglich erweisen würde, könne ich mich ja scheiden lassen. Eine geschiedene Frau sei nicht halb so schlimm wie eine sitzengelassene umgebaute Braut. Ja, das leuchtete auch mir ein. Ich beschloß, mich wieder mit Jules zu vertragen, obwohl ich nicht sehr zuversichtlich war.

Aber die Schmach, als sitzengelassene umgebaute Frau zu gelten, hätte ich nicht ertragen. Also ging ich mit Desiree in die Bar zu Jules. Er hatte auf mich gewartet, es tat ihm sehr leid, was passiert war. Er entschuldigte sich bei mir mit einem Kuß. Dann tranken wir ein Glas Champagner zusammen. Ich war froh, daß ich mich wieder mit ihm versöhnt hatte.

Später ging ich mit Desiree zusammen arbeiten. Ich brauchte noch viel Geld, in die Flitterwochen wollte ich ja auch. Außerdem mußte ich noch die Rechnung von meinem letzten Krankenhausaufenthalt bezahlen. Meine finanzielle Lage sah keineswegs gut aus. Aber irgendwie würde ich es schon schaffen. Was ich noch nicht wußte, war, daß Jules seinen Job per Ende Mai gekündigt hatte.

Am 24. Mai 1980 fand unsere standesamtliche Trauung im Zürcher Stadthaus statt. Ich trug einen weißen Hosenanzug mit einem Tellerhut, Jules einen eleganten Anzug. Unser gelber Camaro war mit Bändern und weißen Rosen geschmückt.

Natürlich blieben ein paar Passanten stehen, um uns nachzusehen. Wir waren ein schönes Paar.

Mein Herz klopfte, als wir die Treppe zum Trausaal hinaufstiegen. Unsere Trauung war viel zu schnell vorbei. Ich kam mir gar nicht vor wie verheiratet, und doch war ich es.

Der Beamte gratulierte uns und wünschte uns viel Glück, danach verließen wir das Stadthaus, um mit dem Auto mit den Trauzeugen zum Mittagessen zu fahren.

Anschließend besuchten wir meine neue Schwiegermutter in Zug. Mutti freute sich mit uns. Jules und ich waren glücklich.

Abends, wieder in Zürich, gingen wir in »unsere« Bar. Viele Gäste gratulierten uns, und die Wirtin spendierte sogar eine Flasche Champagner, um unser Glück gebührend zu feiern. Um zehn Uhr verabschiedeten wir uns – der große Tag lag ja noch vor uns.

Die Krönung meines Lebens als Frau würde meine kirchliche Hochzeit sein. Da ich nie würde Kinder bekommen können, gab es für mich kein höheres Glücksgefühl. Ich hatte alles erreicht, was ich mir als Frau jemals wünschen konnte.

Am Morgen des 25. Mai schien die Sonne, ein strahlender Tag begrüßte mich. Auch in meiner Ehe wünschte ich mir immer Sonnenschein.

Leider gab es einige Miesmacher und Neider. Von einer guten Freundin wurde ich noch rechtzeitig gewarnt, daß einige Frauen in der Kirche die Trauung stören wollten und auch die Presse anwesend sein würde.

Auf keinen Fall wollte ich in der Öffentlichkeit in den Schmutz gezogen werden, deshalb änderten wir kurzfristig den Ablauf der Hochzeitszeremonie.

Ich kuschelte mich noch einen Moment an Jules, da rief uns meine Mutter auch schon zum Frühstück. Ich hatte keinen großen Hunger, dazu war ich viel zu aufgeregt. Wir waren alle drei bester Laune. Für mich schien die Zeit jedoch viel zu langsam zu verstreichen. Gegen Mittag kamen die Floristen und brachten die Blumen. Die wurden dann im Partyraum unserer Siedlung aufgestellt, wo der Aperitif für die fünfzig geladenen Gäste stattfinden sollte.

Nach und nach trafen die Gäste ein. Mein Bruder und Desiree waren die ersten. Desiree mußte mir nämlich beim Ankleiden helfen. Ich blieb im Schlafzimmer; niemand sollte mich sehen. Nur Desiree war bei mir, meine Lehrmeisterin auf meinem langen und harten Weg, eine gute Frau zu werden.

Mein Haar hatte ich hochgesteckt und ein dezentes Make-up aufgelegt. Die Wimpern tuschte ich nur wenig. Ich wollte eine ganz natürliche Braut sein. Meine Augen strahlten ohnehin vor Glück.

Jules war voll und ganz mit den Gästen beschäftigt. Auch er durfte mich nicht mehr sehen vor dem großen Moment.

Es waren schon beinahe alle Gäste versammelt. Nur ganz wenige kannten meine Vergangenheit, und die, die nichts wußten, wären nie auf die Idee gekommen. Desiree half mir in mein Brautkleid und steckte mir den Schleier ins Haar. Obendrauf setzte sie das Blumendiadem. Ich schlüpfte in meine Schuhe, drehte mich um und betrachtete mich im Schrankspiegel. Ich konnte kaum fassen, daß ich es war – eine Prinzessin hätte nicht schöner sein können.

Mein Brautstrauß, ganz aus weißen Rosen und Orchideen, hing in geflochtenen Zweigen an meinem Arm hinunter. Ich war furchtbar aufgeregt. Immer wieder fragte ich die arme Desiree nach der Zeit. Dann endlich erlöste mich mein Schwager und klopfte an die Schlafzimmertür. An seinem Arm führte er mich die Treppe hinunter zum Partyraum. Ich hatte noch einige Probleme mit der Schleppe; den Schleier trugen mir meine beiden Schwägerinnen. Später würden mir sechs Kinder den sechs Meter langen Schleier tragen. Der große Moment war nun da. Die Gäste sahen mich, und ein Raunen – »Rosalin, du bist wunderschön« – ging durch die Menge. Jules' Verwandte musterten mich genau. Die meisten sahen mich heute ja zum ersten Mal. Es gab nichts an mir auszusetzen, ich war wirklich eine schöne Braut. Als Jules mich sah, kam er sofort auf mich zu, schaute mich sprachlos an, dann küßte er mich sanft und flüsterte mir ins Ohr: »Du siehst bezaubernd aus, mein Schatz.« Ich gab ihm das Kompliment zurück. Auch Jules sah gut aus, ich war sehr stolz auf ihn. Mein Hochzeitsgeschenk, eine Weißgolduhr mit einem Lapislazulizifferblatt und einen dazu passenden Ring, trug er mit Stolz.

Meinen Hals zierte eine schmale Goldkette. Daran hing ein mit Diamanten besetztes doppeltes Herz. Die Anzahlung hatte Jules geleistet. Den Rest brachte er jedoch nicht mehr zusammen, den mußte ich selbst bezahlen. Das war sein Geschenk für mich, doch ich sah das nicht so eng.

Nachdem wir alle Gäste begrüßt hatten, hörten wir auch schon die Kirchenglocken läuten und stiegen in den bereitstehenden Bus. Natürlich mußte ich immer auf mein schönes Brautkleid aufpassen. Es standen mir jedoch immer genügend Helferinnen zur Seite.

Wir fuhren zu der kleinen Kirche in Witikon. Das letzte Stück mußten wir zu Fuß gehen. Die Glocken klangen nun laut und feierlich. Mich beschlich ein eigenartiges Gefühl – eine Mischung aus Freude, Glück und Angst. Als ungebetene Begleiter kamen Kühe von der angrenzenden Weide. Natürlich lachten die Gäste, als sie Jules und mir nachliefen.

Ich hatte mich bei Jules eingehakt, ich suchte Halt bei ihm. So schnitten wir durchs Portal, das über und über mit

Rosen bekränzt war. Ich mußte an Dornröschen denken. Arm in Arm schritten wir in die Kirche und setzten uns auf die vorderste Bank. Als alle Gäste Platz genommen hatten, kam auch der Pfarrer zum Altar. Den Gottesdienst und die Trauung erlebte ich wie in Trance. Vieles aus meinem Leben ging mir durch den Kopf. Als mich Jules leicht anstieß, merkte ich, daß ich schon mein Eheversprechen abgeben mußte. Nach dem letzten Gebet erklangen schon wieder die Glocken, und nun waren wir auch vor Gott ein Paar. Glücklich verheiratet, mit Gottes Segen waren wir nun Mann und Frau.

Als wir aus der Kirche traten, fiel mir ein Stein vom Herzen. Es waren keine Störenfriede da, und auch die Presse schien nicht gekommen zu sein. Vor der Kirche begrüßte mich eine Freundin von früher und wünschte mir viel Glück. Sie freue sich für mich, daß ich mein Glück gefunden hätte. Ich hatte vergessen, sie einzuladen, obwohl wir uns früher oft zusammen amüsiert hatten. Alle gratulierten uns. Ich war fröhlich und lachte, bis mein Bruder kam und sagte: »Ich hoffe, daß du nun endlich glücklich bist auf deinem langen Weg zur Frau, Schwester.« Da kamen mir die Tränen. Ich konnte mich nicht dagegen wehren. Mit diesen Worten hatte er mich zu sehr aufgewühlt. Jules nahm mich in die Arme, und ich verbarg mein Gesicht an seiner Brust, bis ich mich wieder beruhigt hatte. Was ich aber nicht sah, war, daß auch mein großer, starker Bruder weinte.

Nun ging es zum Bus zurück. Sogar die Kühe auf der Weide eskortierten uns wieder.

Unten auf dem Kirchplatz stand schon das nächste Paar bereit. Spontan gingen Jules und ich auf die beiden zu und wünschten ihnen viel Glück. Endlich saßen alle im Bus, und als Überraschung fuhren wir in den Zoo, wo alles bereit war zu einem Aperitif. Der Tag hätte nicht schöner sein können, die Sonne schien strahlend. Ich dachte bei mir, wenn Engel heiraten …

Die Leute im Zoo sahen uns entgegen, einige applaudierten und wünschten uns Glück. Die Kinder warfen Feuersteine in die Luft. Glücklich ging ich neben Jules her.

Da viele Gäste nicht aus Zürich waren, genossen sie es besonders, den Zoo zu durchstreifen. Die schönsten Hochzeitsfotos wurden bestimmt da gemacht.

Auch Jules und ich schlenderten gemeinsam durch den Zoo. Meinen Schleier und die Schleppe hatte ich mir einfach über den Arm gehängt. Unterwegs trafen wir auf weiße Tauben. Jules kaufte Vogelfutter, und wir fütterten die kleine Schar. »Das ist bestimmt ein gutes Omen – so viele Friedenstauben an unserer Hochzeit«, meinte ich zu Jules. Ich war überzeugt, daß die kleinen Tauben meiner Ehe Glück bringen würden. Als es Zeit war aufzubrechen, versammelte sich die Gästeschar wieder beim Bus.

Unser eigentliches Hochzeitsfest fand in einem bekannten Restaurant statt. Bei unserem Eintreffen begrüßte uns das Wirtepaar. Dann überraschte uns das »Trio Grande« mit dem Hochzeitsmarsch im blumengeschmückten Saal. Für einen kurzen Moment verschwand ich mit Desiree in einem Nebenraum, um den langen Schleier loszuwerden. Nun konnte ich mich wieder frei bewegen. Das Blumendiadem steckte sie wieder fest.

Als wir in den Saal zurückkamen, saßen die Gäste schon alle auf ihren Plätzen. Neben mir saß Mutti und war stolz auf ihren Pflegesohn. Nun würde er sich vielleicht doch bessern, meinte sie zu mir. Ich dachte bei ihren Worten an

Alkohol und Hasch. Jules hatte sein Versprechen seit unserem großen Streit gehalten.

Jules und ich eröffneten das Büfett. Alle konnten sich holen, worauf sie Lust hatten. Die Musik spielte auf, es herrschte eine tolle Stimmung. Für mich war es natürlich ein großes Glücksgefühl, als normale Frau im Mittelpunkt zu stehen, und das einen ganzen Tag lang. Ich genoß jede einzelne Sekunde.

Jules und ich tanzten den Eröffnungswalzer. Meine Schleppe hing wieder über meinem Arm. Wir drehten und drehten uns, bis mir fast schwindlig wurde. Ich war die glücklichste Frau der Welt.

Es war schön zu sehen, wie sich auch die Gäste amüsierten. Es wurde getanzt, Spiele wurden gespielt. Es gab für jeden etwas. Sogar der Pfarrer erschien noch auf unserem Fest, was uns besonders freute.

Doch auch der schönste Tag geht einmal zu Ende. Wir verabschiedeten uns von unseren Gästen und wurden nach Hause gefahren. Dort angekommen, vergaß mein Mann, mich über die Schwelle zu tragen. Abergläubisch, wie ich bin, dachte ich, daß dies kein gutes Omen sei. Aber ich sagte nichts. Als ich ausgezogen und abgeschminkt war, legte ich mich müde und glücklich neben Jules ins Bett. Unsere Hochzeitsnacht fiel jedoch ins Wasser. Wir waren beide viel zu müde. Außerdem wußte ich, daß Jules gehascht und zuviel getrunken hatte. Am nächsten Tag wollten wir nach St-Tropez in die Flitterwochen.

Am Sonntag verabschiedeten wir uns von meiner Mutter. Sie hatte Tränen in den Augen, doch ich tröstete sie, zwei Wochen seien bald vorbei. Meinen Brautstrauß nahm ich mit, wir wollten über Bern fahren. Den Brautstrauß sollte mein Vater aufs Grab bekommen.

Da Jules keinen Fahrausweis besaß, mußte ich fahren. Das Auto war immer noch schön geschmückt mit weißen Bändern. Alle sollten sehen, daß wir ein jungvermähltes Paar waren.

In Bern lenkte ich das Auto zum Friedhof. Als ich mit Jules am Grab stand, sagte ich: »Weißt du, Liebling, mein Vater wäre stolz auf seine Tochter.« Den Strauß stellte ich dicht an den Stein. Dann verließen wir den Friedhof und fuhren weiter nach Genf. Da ich allein fahren mußte, war die Reise recht anstrengend für mich. In Frankreich wollte Jules ans Steuer. Fahren konnte er ja. Kurz nach der Grenze tauschten wir die Plätze, und Jules lenkte den Wagen bis nach St-Tropez.

Spät in der Nacht standen wir vor unserem Hotel. Da Jules schon öfters in St-Tropez gewesen war, kannte er sich bestens aus. Eine ehemalige Freundin von ihm hatte hier sogar einen Friseursalon.

Das Hotelzimmer sah nicht gerade einladend aus. Weder Blumen noch Champagner standen zu unserem Empfang bereit. Ich war sehr enttäuscht, sagte aber nichts zu Jules. Nach einer warmen Dusche war ich wieder fit, doch Jules hatte keine Lust auf mich, das merkte ich sofort, weil er im Bett schon eine Zigarette im Mund hatte. Mein aufregendes Negligé beeindruckte ihn auch nicht. Also stieg ich ins Bett, und Jules löschte kurz darauf das Licht. Ich lag noch lange wach. Irgend etwas beunruhigte mich. So war Jules noch nie zu mir gewesen.

Am nächsten Morgen standen wir früh auf. Jules wollte Bekannte besuchen. Diese Leute betrieben ein Strandcafé am Meer. Sie freuten sich sehr über den Besuch Jules', aber sie vermißten seine Exfreundin. Jules stellte mich als Rosalin, seine Frau, vor. Beide waren verblüfft, begrüßten mich aber sehr freundlich. Später erzählte mir die Frau, daß sie eigentlich seine Exfreundin als Ehefrau erwartet hätte. Die beiden hätten nämlich vorgehabt zu heiraten. Sie gestand mir auch, daß Jules dieses Mädchen öfter geschlagen habe. Ich konnte es kaum glauben, obschon ich diese Erfahrung auch schon gemacht hatte. Doch damals hatte ich es noch als einen »Ausrutscher« betrachtet.

Wir verbrachten einen herrlichen Tag. Jules hatte jedoch einige Biere hinuntergekippt und wurde auf dem Heimweg zusehends aggressiver. Ich schwieg, ich wollte auf jeden Fall einen Streit vermeiden.

Als er im Hotel geduscht hatte, war er wieder friedlicher. Ich war sehr froh. Wir wollten in ein kleines Restaurant außerhalb von St-Tropez essen gehen. Nun war es bereits selbstverständlich, daß Jules den Wagen fuhr, natürlich immer ohne Ausweis. Ich hätte Streit mit ihm bekommen, wenn ich es ihm verboten hätte, wußte aber auch, daß mich die Polizei ebenfalls bestraft hätte, wenn er erwischt worden wäre. Überhaupt ließ ich so manches zu, nur um mit Jules Frieden zu haben.

In diesem Lokal wurde Jules begrüßt, und wir erhielten einen schönen Tisch auf der Terrasse. Über uns wölbte sich der schönste Sternenhimmel. Wir tranken Wein. Dadurch wurde ich lockerer, und Jules war bester Laune. Wir lachten zusammen. So gefiel mir mein Mann, fröhlich, mit Schalk in den Augen. Ein Musiker kam an unseren Tisch und spielte eine einschmeichelnde Melodie. Die Geigenklänge und all die Leute, die zu uns herüberschauten, machten mich verlegen. Als der Geigenspieler sein Lied beendet hatte, prosteten uns alle Gäste zu. Offensichtlich war das so Brauch bei Jungvermählten. Jules kannte den Inhaber und hatte mich stolz als Rosalin, seine Frau, vorgestellt. An diesem Abend sah ich sehr hübsch aus.

Kurz nach Mitternacht verließen wir das Lokal und fuhren zurück nach St-Tropez. Wir waren noch nicht müde. Also beschlossen wir, noch in eine Disco zu gehen. Es waren nicht viele Leute dort, doch ich fand es sehr gemütlich. An der Bar bestellten wir uns einen Drink. Jules und ich tanzten ausgelassen, unser Song an jenem Abend war »Born to be alive«. Der Rhythmus ließ uns fast ausflippen.

Gegen vier Uhr morgens kehrten wir ins Hotel zurück. Fröhlich und ausgelassen betraten wir die kleine Hotelhalle. Der Nachtportier lachte uns schlaftrunken entgegen. Kichernd schlichen wir in unser Zimmer, so aufgezogen waren wir schon lange nicht mehr gewesen. Im Zimmer wirbelte mich Jules herum und ließ mich auf das Bett fallen. Er küßte mich leidenschaftlich, und ich fühlte sein heißes Begehren. Zusammen stellten wir uns unter die Dusche und ließen das warme Wasser über uns rieseln, rieben uns gegenseitig mit Duschgel ein und küßten uns innig. Jules liebkoste meinen ganzen Körper. Als er zwischen meinen Beinen angelangt war, wurde ich sehr erregt und begann, seinen ganzen Körper zu küssen. Als ich bei seinem Glied ankam, zog er mich hoch, hob mich auf und glitt langsam in mich hinein. Wir liebten uns das erste Mal auf diese Weise, das Gefühl war einmalig. Als wir beide zum Orgasmus gekommen waren, ließen wir das Wasser noch einen Moment über unsere erhitzten Körper rieseln, bevor mich Jules abtrocknete. In seinen Armen schlief ich ein und wünschte mir, daß er mich nie mehr loslassen würde.

Am nächsten Morgen fühlte ich mich wie gerädert, ich spürte jeden Muskel meines Körpers. Jules erging es nicht besser. Nach dem Frühstück waren wir aber wieder fit und munter. Heute wollten wir einen faulen Tag am Strand verbringen, herumliegen und die Sonne, das Meer und das Leben genießen.

Ich wußte, daß sich die Frauen hier am Strand oben ohne sonnten, und um nicht aus der Reihe zu tanzen, folgte ich ihrem Beispiel. Jules schaute nur kurz zu mir, sagte aber nichts und verzog sich unter einen Sonnenschirm. Ich mußte ihn mit Sonnencreme einschmieren, was mich sehr erstaunte, seine Haut war ja ziemlich dunkel. Er erzählte mir, daß er einmal einen fürchterlichen Sonnenbrand einfing, weil er nicht aufgepaßt hatte.

Es war ein sehr heißer Tag, und wir kühlten uns im Meer. Wir spielten im Wasser wie zwei ausgelassene Kinder, gingen zusammen am Strand spazieren. Abends wollten wir in den Gäßchen von St-Tropez bummeln gehen.

Abends unter der Dusche merkte ich, daß meine Haut ziemlich gerötet war, und ich wollte mich noch mit einer Speziallotion einreiben. Jules war schon fertig und wollte in der Bar um die Ecke bei einem Drink auf mich warten. Der Besitzer der Bar war ein ausgekochter Charmeur und flirtete nach allen Seiten. Als ich ankam, stand Jules an der Theke mit einem Bier, und der Besitzer begrüßte mich galant mit einem Handkuß. Ich mußte lachen, weil er immer so komisch Madame zu mir sagte. Jules fand das gar nicht lustig.

Abends entdeckte ich in einem Geschäft ein Paar hellgrüne, knallenge Hot pants. Jules gefielen sie sehr gut, und er kaufte sie mir zusammen mit einem Oberteil. Ich dachte mir, ich könnte das Ensemble bei der Arbeit in Zürich tragen, doch Jules fand, daß ich es abends zum Ausgehen anziehen sollte.

In St-Tropez war abends wirklich etwas los. Alle Leute waren unterwegs, die Nächte waren lang und heiß.

Am nächsten Tag merkte ich sofort, daß Jules schlecht gelaunt war.

Manchmal kam es mir vor, als ob er zwei Gesichter besäße. Bei jedem Wort mußte ich aufpassen, damit kein Streit entstand. Oft verschwand er für zwei Stunden. Ich wußte längst, daß er dann Alkohol brauchte. Als er zurückkam, hatte sich seine Stimmung nicht gebessert. Ich haßte diese Momente, denn ich wußte, daß Jules bei solchen Gelegenheiten immer Streit suchte.

An jenem Tag konnte ich es bis zum Abend hinauszögern. Natürlich wollte Jules dann, daß ich die neuen Hot pants zum Ausgehen anzog. Meine Beine schienen endlos lang in den kurzen Hosen, und auch mein Po kam darin gut zur Geltung, ohne daß es ordinär gewirkt hätte.

Im Hafen von St-Tropez lagen die Jachten der Schönsten und Reichsten. Wir schlenderten den Kai entlang, um die Schiffe zu bestaunen. Mir war nicht entgangen, daß mir die Männer bewundernd nachblickten. Jules registrierte das auch, doch statt stolz auf seine Frau zu sein, wurde er immer schweigsamer. Als mir dann ein junger, braungebrannter Mann von einem Deck aus zuwinkte, war es geschehen. Jules fing an, mich auf offener Straße in einer mehr als erniedrigenden Weise zu beschimpfen. »Billige Nutte, Drecksau« und andere Gemeinheiten, die ich nicht wiederholen möchte, warf er mir an den Kopf. Ich war vor Schreck wie gelähmt und schockiert über seinen Wutausbruch. Jules raste vor Eifersucht. Sein Benehmen wurde richtiggehend bedrohlich. Vor allen Leuten schleifte er mich an den Haaren ins Hotel. Ich schämte mich in Grund und Boden. Das war das Ende unserer Flitterwochen.

Im Zimmer tobte Jules weiter. Ich versuchte verzweifelt, mich zu wehren, und schrie ihn ebenfalls an. Da kam er wutentbrannt auf mich los und schlug mir die Faust ins Gesicht. Ich flog aufs Bett und rollte mich aus Angst vor weiteren Schlägen zusammen. Ich heulte vor Schmerz und Wut über die erlittene Schmach. Jules' Gesichtsausdruck war böse und drohend. So hatte ich ihn noch nie erlebt. Ich fürchtete, er werde wieder zuschlagen, doch er drehte sich um, packte die Autoschlüssel, ging hinaus und schloß mich ein. Das ganze Geld hatte er, ich hätte nichts unternehmen können. Ich vergaß die Angst und den Schmerz – jetzt war er zu weit gegangen. Ich sprang an die Tür und schrie ihm die übelsten Dinge nach. Das hätte ich besser unterlassen. Jules kam zurück, öffnete mit einem Ruck die Tür und versetzte mir eine derartige Ohrfeige, daß ich in hohem Bogen aufs Bett flog. Ich spürte, daß meine Nase zu bluten anfing. Außerdem hatte ich mir auf die Lippen gebissen. Ich weinte bittere Tränen. Soll so mein neues Glück aussehen? fragte ich mich in meinem Elend.

Ich war allein, im Zimmer eingeschlossen. Ich hörte, wie Jules wegfuhr. Als ich mich etwas beruhigt hatte, ging ich ins Badezimmer, um meine Wunden zu kühlen. Meine Wange und das Auge waren bereits angeschwollen und gerötet, es sah nicht gut aus. So konnte ich unmöglich den Portier anrufen. Nun meldete sich auch mein Magen, ich hatte Durst und Hunger. Eine Ventilation gab es auch nicht in diesem Zimmer, es war drückend heiß. Ich setzte mich ans offene Fenster, um wenigstens etwas frische Luft zu haben. Um meinen knurrenden Magen zu beruhigen, trank ich Wasser.

Vor Angst konnte ich nicht schlafen. Ich wußte ja nicht, was passieren würde, wenn dieser Tyrann wieder zurückkam. Ich wälzte mich von einer Seite auf die andere, mein Auge schmerzte. Es wurde schon hell, als ich draußen einen Wagen vorfahren hörte. Kurz darauf drehte sich der Schlüssel im Schloß. Ich stellte mich schlafend, das Bettlaken hatte ich mir übers Gesicht gezogen. Jules zog sich aus, nicht gerade leise, und als er dann neben mir ins Bett kroch, wehte ein Schwall Alkohol zur mir herüber. Ich ekelte mich vor meinem Mann. Wie würde ich die kommenden Tage noch mit ihm verbringen können?

Für mich wurde es eine äußerst lange Nacht. Ich konnte überhaupt nicht schlafen, denn nun schnarchte Jules auch noch neben mir. Um neun Uhr stand ich auf und schlich ins Badezimmer unter die Dusche. Im Spiegel sah ich mein Gesicht – mein Auge war stark geschwollen und begann sich bereits blau zu färben.

Als ich das Hotel verließ, trug ich meine Sonnenbrille. So konnte ich meine Schmach verstecken. Trotz allem genoß ich das Frühstück in einem kleinen Bistro. Inzwischen hatte ich einen Bärenhunger. Danach schlenderte ich durch die Gassen von St-Tropez. Ich hatte ja noch längst nicht alles gesehen. Natürlich hatte ich Angst davor, ins Hotel zurückzugehen. Ich hatte keine Ahnung, wie Jules reagieren würde. Also setzte ich mich im Hafen in ein Café und überlegte, was ich jetzt eigentlich tun wollte. Als ich den Entschluß gefaßt hatte, die Flitterwochen abzubrechen, mußte ich mir überlegen, wie ich dies Jules beibringen sollte. Eines war mir klar: Nach allem, was er mir angetan hatte, wollte ich nicht mehr an diesem Ort mit ihm zusammenbleiben. Ich mußte an das Geld herankommen, dann könnte ich auch mit dem Zug nach Hause fahren.

Als ich ins Hotel kam, war Jules im Badezimmer. Ich wagte mich nicht an das Geld, also setzte ich mich aufs Bett und wartete auf ihn. Meine Sonnenbrille legte ich weg. Er sollte ruhig sehen, was er angerichtet hatte. Jules wußte nicht, was er sagen sollte. Er versuchte, sich zu entschuldigen, doch ich ging nicht darauf ein. Ich sagte ihm, daß ich nach Hause fahren wolle. Zu meinem Erstaunen war er damit einverstanden. Als er sich anzog, wich er meinem Blick aus. Dann fuhr er wieder weg, natürlich mit meinem Auto, ließ mir jedoch etwas Geld da. Ich verbrachte den ganzen Tag im Zimmer. Erst am Abend holte ich mir in der Nähe etwas Aufschnitt und ein Brot. Dann legte ich mich ins Bett, um zu schlafen. Ich fühlte mich ausgelaugt und erschöpft.

Ich muß eingeschlafen sein, denn plötzlich wachte ich auf. Jules war spät nach Hause gekommen und machte Lärm, um mich zu wecken. Dies war ihm natürlich gelungen, aber ich stellte mich schlafend. Ich wollte Ruhe haben vor ihm. Wieder zog eine Alkoholfahne durchs Zimmer, und wieder legte er sich hin und schnarchte, daß an Schlafen nicht mehr zu denken war. Mir kam es vor, als hätte ich plötzlich einen anderen Mann. Nun glaubte ich auch, daß er seine frühere Freundin ebenso behandelt hatte. Ich konnte nicht mehr verstehen, daß ich mich so blind ins Unglück gestürzt hatte.

Leise stand ich am Morgen auf und packte meine Kleider in den Koffer. Dann versteckte ich die Autoschlüssel, denn sollte mein Mann wieder Terror machen, hätte ich wenigstens die Möglichkeit, allein nach Zürich zu fahren. Diesem Alptraum wollte ich ein Ende setzen.

Als Jules aufstand, lag ich wieder im Bett. Ich hatte mich nach dem Packen wieder schlafen gelegt. Ich hörte, daß er seinen Koffer packte, also stand ich auch auf. Er sprach kein Wort mit mir. Das war mir egal. Das war nicht mehr der Traummann, den ich vor wenigen Monaten kennen- und liebengelernt hatte. Er bezahlte die Hotelrechnung, verstaute alle Koffer im Auto. Ich war froh, als ich im Auto saß. Da mich im Hotel der Mut wieder verlassen hatte, legte ich ihm die Autoschlüssel hin. So war es denn eine Selbstverständlichkeit für ihn, den Wagen wieder selbst bis zur Schweizer Grenze zu fahren. Natürlich war ich froh, daß wir nicht erwischt wurden. Jules versuchte immer wieder, ein Gespräch anzufangen. Ich antwortete ihm kaum. Für mich war die Angelegenheit noch lange nicht aus der Welt geschafft.

Meine Mutter war sehr überrascht, als wir unverhofft heimkehrten. Dann sah sie mein blaues Auge und regte sich furchtbar auf. Natürlich wollte sie wissen, was passiert ist. Ich sagte ihr nur: »Frag besser meinen Mann.« Darauf ging sie zu ihm ins Zimmer – er saß gelassen vor dem Fernseher – und fragte ihn. Was er ihr darauf antwortete, war unter jedem Niveau. Er gab ihr schnoddrig zur Antwort: »Am liebsten hätte ich deiner Tochter einen Betonklotz um den Hals gebunden und sie im Meer ersäuft.« Meine Mutter kam kreideweiß zurück in die Küche. Sie setzte sich an den Tisch und sagte: »Rosalin, was hast du bloß für einen miesen Kerl geheiratet!« Darauf kam Jules zu uns in die Küche und fing wieder an zu toben, doch das war sein schlechtes Gewissen. Meine Mutter und ich saßen am Tisch. Wir bekamen beide Angst vor diesem Mann. Endlich verließ Jules die Wohnung. Ich gelobte meiner Mutter, nicht mit so einem

Mann zusammenzubleiben. Gleich am nächsten Morgen wollte ich meinen Anwalt anrufen.

Für mich kam nur noch eine Scheidung in Frage. Meine Mutter verschonte mich nicht mit Vorwürfen. Sie hätte mich gewarnt, aber ich hätte ja nicht auf sie hören wollen. Natürlich hatte sie recht, nur änderte dies nichts an meiner mißlichen Lage. Das Herz tat mir weh.

Drei Tage und Nächte kam Jules nicht nach Hause. Ich konnte mir denken, wo er war: bei seiner Pflegemutter in Zug. Dort flüchtete er sich immer hin, wenn er in der Klemme saß. Am Morgen des vierten Tages rief mich Mutti an und bat mich, für eine Aussprache mit Jules nach Zug zu kommen. Sie hatte ihm ordentlich die Meinung gesagt, nun wolle er sich mit mir aussöhnen. Ihr zuliebe fuhr ich hin. Wie ich mich entscheiden würde, wußte ich noch nicht. Als ich vor dem Haus parkte, holte mich Jules ab. Ich bemerkte sofort, daß er schlecht aussah. Er bedankte sich für mein Kommen. Mutti begrüßte mich freundlich, schickte uns dann aber in Jules' Zimmer. Er entschuldigte sich in aller Form bei mir und versprach, mich nie mehr zu schlagen. Er stand vor mir mit Tränen in den Augen. Da er mir leid tat, versöhnte ich mich mit ihm. Ich sah wieder Hoffnung für meine Ehe, und da lohnte es sich zu verzeihen. So verbrachten wir einen schönen Abend zusammen mit Mutti. Später versöhnten wir uns auch im Bett.

Meine Mutter war gar nicht begeistert, als sie davon hörte, doch ich mußte für mich selbst entscheiden. Am nächsten Tag fuhren wir zusammen nach Zürich, und Jules entschuldigte sich auch bei meiner Mutter. Als sie sich in ihr Zimmer zurückgezogen hatte, legten wir uns vor das Kaminfeuer und liebten uns, als ob nichts geschehen wäre.

Jules spielte für mich die Platte »Rock me, rock me baby« – ich verliebte mich aufs neue in ihn.

Jules fand eine neue Stelle im Gastgewerbe, und ich begann auch wieder zu arbeiten. Natürlich wollten alle wissen, wie es gewesen war. Ich schwärmte ihnen vor, wie traumhaft meine Flitterwochen gewesen seien. Einige Hochzeitsfotos hatte ich schon, und ich zeigte sie herum. Verschiedene gratulierten mir zu meinem Glück – wenn die gewußt hätten, was ich in meiner Ehe schon alles erlebt hatte!

Wir waren schon fast einen Monat verheiratet, als Jules total betrunken nach Hause kam. Ich machte ihm Vorwürfe, und wieder bekam ich Schläge. Er war außer sich, tobte und schrie mich an. Er war schon wieder von seinem Arbeitsplatz weggelaufen. Als mir meine Mutter zu Hilfe kommen wollte, bedrohte er auch sie.

Dann knallten wieder die Türen, und wir waren heilfroh, als er aus dem Haus war. Ich weinte. Wieder schien alles zu zerbrechen. Was war aus seinen Versprechungen geworden?

Am nächsten Morgen kam Jules nüchtern nach Hause. Er wußte genau, wie er mit mir umgehen mußte – ich verzieh ihm wieder. Meine Mutter konnte mich nun wirklich nicht mehr verstehen. Eine Zeitlang sah es aus, als ob unsere Ehe doch noch gutgehen könnte. Jules arbeitete zwar nicht mehr, ich mußte für alles aufkommen, die Kredite, die Miete und unseren Lebensunterhalt. Jules ging meistens frühmorgens aus dem Haus, angeblich zu einem Freund.

Wir ließen L'amour decken und freuten uns sehr, als sie trächtig war. Bald würden wir süße, kleine Hundebabys haben. Am 15. August war es soweit. Abends um zehn bekam L'amour Wehen, doch weiter passierte nichts. Ich machte mir Sorgen und rief den Tierarzt an. Um zwei Uhr nachts durfte ich zu ihm in die Praxis kommen. Er untersuchte L'amour, meinte, es könne noch lange dauern und er hätte noch genügend Zeit, seine Frau zu holen. Kaum war der Arzt weg, begann plötzlich die Geburt. Der Kopf eines Jungen wurde sichtbar. Ich versuchte, der Hündin zu helfen, wußte aber nicht, wie. Die Geburt ging nicht weiter. L'amour stand zitternd da und jaulte fürchterlich vor Schmerz. Ich war völlig verzweifelt. Ich tröstete L'amour und streichelte sie, bis nach zwanzig Minuten der Arzt wiederkam. Er eilte sofort herbei und versuchte, das Junge behutsam herauszuziehen. Das Junge war noch in der Blase, der Arzt säuberte es. Zur Geburtsunterstützung gab er L'amour Wehenmittel. Doch auch das half nicht viel, die Stunden krochen endlos dahin. Endlich, morgens um elf Uhr, war alles vorbei. Insgesamt hatte L'amour sieben winzig kleine Hundebabys zur Welt gebracht. Wir waren alle müde und übernächtigt. Der Arzt mußte sich auch noch um die Praxis kümmern. Jules holte uns ab. Er brachte einen großen Karton für die Hundekinder mit. L'amour trug ich auf dem Arm nach Hause. Sie sollte nie mehr leiden müssen, nur weil ich es gewollt hatte. Ihre Schmerzensschreie hallten noch tagelang in meinen Ohren. Zu Hause hatten wir eine große Wurfkiste für die Hundefamilie bereitgestellt. Ich bettete die Kleinen hinein, doch L'amour wollte von ihrem Nachwuchs nichts wissen. Mit strenger Stimme mußte ich ihr befehlen, sich zu den Jungen zu legen. Als sie bei den Jungen war, suchten diese sofort die Wärme der Mutter und natürlich auch die Zitzen. Da merkte L'amour, was zu tun war, und wurde eine liebevolle Mutter. Immer wieder schaute ich nach den Jungen, doch die kleinen Knäuel schliefen meist. Nach ein paar Tagen krabbelten sie jedoch bereits herum und gaben seltsame piepsende Töne von sich. Ab und zu kam L'amour aus der Kiste, um zu fressen oder sich die gewohnten Streicheleinheiten zu holen, kehrte aber gleich wieder zu ihrem Nachwuchs zurück.

Jules verließ immer noch jeden Morgen frühzeitig das Haus. Ich hatte mir schon lange gedacht, daß an den angeblichen Besuchen bei seinem Freund etwas faul war. Eines Abends, als er bei mir auf der Straße vorbeigeschaut hatte, ging ich ihm unbemerkt nach. Jules betrat eine Bar. Ein paar Minuten später folgte ich ihm und erwischte ihn gerade, wie er mit der Bardame herumknutschte. Ich ging geradewegs auf die beiden zu und stellte sie zur Rede. Sie waren sehr verlegen. Mary war eine Blondine mit einem üppigen Busen, den sie auch zur Schau stellte. Nach einem Wortwechsel, der für die beiden nicht eben schmeichelhaft war, ging ich wieder. Ich stand noch nicht an meinem Standplatz, als Jules auch schon erschien. Sein Gesichtsausdruck sagte alles. Deshalb ging ich sofort in meine Wohnung, die Leute auf der Straße sollten unseren Streit nicht mitbekommen. Gleich darauf trat Jules auch schon ins Zimmer und schrie mich fürchterlich an, wieder schlug er mich. Ich wollte ins andere Zimmer flüchten, konnte jedoch den Schlüssel nicht mehr rechtzeitig drehen. Also rannte ich aufs Bett und hielt meine Hände schützend über meinen Kopf. Jules schlug jedoch nicht mehr zu. Ich hörte, wie er eine Flasche Bier öffnete, dabei schrie er mich immer wieder an. Ich schrie zurück, er betrüge mich, während ich jeden Abend unseren Lebensunterhalt verdienen müsse, was in meinem Beruf nicht ungefährlich sei. Plötzlich holte er aus, und die Bierflasche flog wenige Zentimeter von meinem Gesicht entfernt mit voller Wucht an die Wand. Ich erschrak fürchterlich. Das ging nun wirklich zu weit. Zum Glück kam in diesem Moment Desiree angerannt. Sie hatte von unserem Streit in der Bar gehört und wußte, daß ich in Gefahr war. Auch sie kannte Jules mittlerweile und wußte, daß der Kerl zu allem fähig war. Sie befahl Jules, die Wohnung sofort zu verlassen, und er ging ohne Widerrede. Nun sah ich das riesige Loch, das in der Wand klaffte. Hätte er mich am Kopf getroffen – na dann gute Nacht! Mir war klar, daß unsere Ehe endgültig zerbrochen war. Jules würde mich immer wieder schlagen, er war gewalttätig. Das hatte ich mir von einem Mann nicht gewünscht. Ich brauchte mich nicht so behandeln zu lassen.

In dieser Nacht blieb ich in meiner Zweitwohnung. Ich wollte Jules auf keinen Fall sehen. Als erstes rief ich am Morgen meinen Anwalt an und erklärte ihm die Situation. Ich wollte unter keinen Umständen zu Jules zurück. Ich hatte jetzt schreckliche Angst vor ihm. Mein Anwalt schaltete schnell. Bereits am nächsten Tag erhielt Jules die Aufforderung, unsere gemeinsame Wohnung unverzüglich zu verlassen. Darauf versuchte es Jules wieder mit einer Versöhnung, doch ich hatte die Nase voll von seinen leeren Versprechungen. Jetzt bekam ich die ganze Niedertracht seines Charakters zu spüren: Jules drohte mir, falls ich bis Mittag nicht in der Wohnung sei, würde er alle Hundebabys mitsamt der Mutter vom vierten Stock vom Balkon werfen. Mir blieb die Spucke weg. Dann sagte ich: »Wenn du es nötig hast, dich an unschuldigen Tieren zu vergreifen, mußt du das halt tun – mich siehst du jedenfalls nicht mehr!« Darauf rief ich Mutti an und erzählte ihr, was passiert war. Sie war entsetzt. Aber sie setzte sich mit Jules in Verbindung. Wenige Stunden später holte sie ihr Hätschelkind ab und nahm Jules mit zu sich nach Zug. Am Abend erhielt ich einen Telefonanruf. Er habe seine Sachen gepackt und sei ausgezogen. Ich fuhr sofort in die Wohnung. Erst versorgte ich die Hunde, dann schaute ich nach, was alles fehlte. Die Dinge, die er einfach so mitgenommen hatte, konnte ich verschmerzen. Er sollte es jedoch nicht wagen, sich an meinem persönlichen Eigentum zu vergreifen. Zum Abschied hatte er sich etwas ganz Perfides einfallen lassen: Mit einer Zange hatte er meine goldene Halskette und mein Armband zerschnitten. Das war der letzte Beweis für seine Boshaftigkeit.

Nur drei Monate waren seit unserer Traumhochzeit vergangen. Jetzt stand ich da, und mein Glück lag in Scherben. Wenn ich früher solche Geschichten gehört hatte, hatte ich immer gedacht, mir könne so etwas nie passieren. Alles, was ich wollte, war, mit einem Mann glücklich sein. Nun konnten sich alle die Mäuler zerreißen über meine Niederlage. Das war mir jetzt egal. Ich hatte einen zu hohen Preis für meine Heirat bezahlt. Ich schwor mir, mich nie wieder von einem Mann so behandeln zu lassen. Schließlich könnte es mir einfallen, mit dem Messer auf so einen Kerl loszugehen.

Einige Wochen später, beim Gerichtstermin, sah ich Jules wieder. Er wirkte sehr bleich und abgespannt, doch mich ließ das kalt. Als mich der Beamte fragte, ob ich zu einer Versöhnung bereit wäre, lehnte ich ab. Darauf mußte auch Jules seine Zustimmung zur Scheidung geben. Ich stand auf und verabschiedete mich von dem Beamten. Kaum auf der Straße angekommen, hörte ich Jules' Schritte hinter mir. Er wollte mich zu einem Kaffee einladen, doch ich hatte genug von ihm. Ich gab vor, es sehr eilig zu haben, und ließ ihn einfach stehen. Innerlich zitterte ich aus Angst vor diesem Mann. Allmählich kroch ein neues Gefühl in mir hoch – meine Liebe hatte sich in tiefen Haß verwandelt.

Ich befand mich an einem echten Tiefpunkt, doch das bewahrte mich nicht vor der Arbeit. Den finanziellen Verpflichtungen, die mir Jules großzügig hinterlassen hatte, mußte ich trotz allem nachkommen. Mein Leben sah hoffnungslos aus. Irgendwie hatte ich in solchen Phasen jedoch immer wieder einen Schutzengel. Vielleicht war es mein Vater, der mir schützend beistand.

An einem schönen, warmen Sommerabend stand ich wie immer an meinem Standplatz, als ein junger, gutgekleideter Mann auf mich zukam und mich haben wollte. Wir machten den Preis aus, und er begleitete mich in meine Wohnung. Im Zimmer bot ich ihm einen Stuhl an, wo er seine Kleider hinlegen konnte. Während ich mich bückte, um meine kniehohen Stiefel auszuziehen, unterhielt ich mich mit ihm. Als ich mich dann aufrichtete, blickte ich in den Lauf einer Pistole. Erst glaubte ich an einen dummen Scherz. Als er jedoch sagte: »Nun bist du dran«, begriff ich in Sekundenschnelle, daß dies bitterer Ernst war. Vor Schreck blieb mir fast das Herz stehen, doch ich versuchte, Ruhe zu bewahren. Ich redete auf den Mann ein, versuchte, ihn zu beruhigen. Ich redete und redete. Er mußte sich meine ganze Lebensgeschichte anhören. Nach einer langen, bangen Stunde nahm er endlich die Pistole hinunter. Er sicherte sie, entnahm ihr eine Kugel und legte sie auf meinen Tisch. »Die schenk' ich dir als Andenken. Nur weil du so nett warst, bist du noch am Leben, du hast großes Glück gehabt.« Dann sagte er, er hätte vorgehabt, eine Frau zu erschießen. Einen Grund konnte er nicht angeben. Ich mußte ihm versprechen, eine Viertelstunde ruhig in der Wohnung zu bleiben und nichts zu unternehmen.

In dieser Situation ist man bereit, alles zu versprechen. Als die Zeit um war, rannte ich in die Bar nebenan, ich stand richtiggehend unter Schock. Ich bekam einen Heulkrampf und konnte erst gar nicht erzählen, was passiert war. Später begleitete mich eine Kollegin aufs Polizeirevier, wo ich den Vorfall zu Protokoll gab und auch die Patrone vorlegte. Der Polizist nahm die Patrone und. meinte: »Das hätte ein schönes Loch in ihren hübschen Kopf gegeben!« Vor Wut wäre ich ihm fast an die Kehle gesprungen. Dann mußte ich mir in einer Fotokartei die Bilder ansehen, fand den Mann aber nicht.

Meine Nerven hielten nicht mehr durch, und ich mußte eine Woche mit der Arbeit aussetzen.

Einige Zeit später bekam ich eine Vorladung von der Polizei. Der Mann war bei einem anderen Delikt verhaftet worden und hatte den Vorfall mit mir freiwillig zugegeben. Ich hätte Schadenersatz fordern können, doch ich unterließ es. Statt dessen bat ich den Bezirksanwalt, dem Mann mitzuteilen, daß ich mein Versprechen gehalten hätte. Ich befürchtete, der Mann könnte sich später rächen wollen.

Manchmal, wenn ich früher als gewohnt zur Arbeit fuhr und meinen Wagen parkte, traf ich einen jungen Mann, der mich immer strahlend grüßte. Er sah sehr hübsch aus. Ich dachte mir, der könnte sogar als Fotomodell arbeiten. Er war zwar noch ziemlich jung, er besuchte die nahegelegene Schule, doch er entsprach ganz und gar »meinem« Typ.

Ich begann wieder auszugehen und mich zu amüsieren. Eines Abends ging ich in ein neueröffnetes Lokal, das gute Shows brachte. Das Publikum war interessant und bunt gemischt. Ich setzte mich an die Bar und bestellte einen Drink. Eine Stimme hinter meinem Rücken begrüßte mich freundlich. »Hallo, schöne Frau, wie geht's?« Ich drehte mich um und sah den jungen Mann von der Schule. Er bestellte mir einen weiteren Drink zur Begrüßung, stellte sich vor als Karl und gab mir einen Kuß auf die Wange. Er erzählte mir, daß er eben seine Matura bestanden hätte. Immer, wenn wir uns getroffen hatten, war er von einer Prüfung gekommen. Nun wollte er mit mir tanzen. Seine Ungeduld gefiel mir, er sprühte vor Unternehmungslust.

Unser Altersunterschied war beträchtlich, ich war elf Jahre älter als er. Trotzdem begann an diesem Abend eine schöne Romanze.

Er wollte Medizin studieren. Jetzt genoß er das Leben, denn schon bald würde das Studium anfangen. Es wurde eine lange Nacht. Mit seinen Kollegen zogen wir weiter in ein anderes Nachtlokal. Ich genoß es richtig, wieder einmal unter so lebenslustigen Leuten zu sein. Die letzten Monate hatten mir wenig Gelegenheit dazu geboten.

Gegen Morgen brachte mich Karl nach Hause, und wir verabredeten uns für den folgenden Abend. Karl war tatsächlich zeitweise als Modell tätig, um seine Finanzen aufzubessern. Am folgenden Abend nahm er an einer Modeschau teil.

Ich nahm mir frei, denn die Modeschau begann bereits

um sieben in einer Garage an der Seefeldstraße. Jedesmal wenn Karl kam, klatschte ich, bis ich meine Hände kaum mehr spürte. Er machte seine Sache natürlich auch wie ein Profi. Freunde von Karl waren auch da und kümmerten sich um mich, bis er fertig war. Anschließend beschlossen wir, essen zu gehen. Dabei ging es wieder sehr fröhlich zu und her.

Bereits an diesem Abend folgte ich seiner Einladung, zu ihm nach Hause zu kommen. Zu lange lebte ich nun schon ohne Liebe, und Karl gab mir in dieser Nacht alles, was ich mir ersehnte. Er war ein unglaublich zärtlicher Liebhaber, seine Hände streichelten meinen Körper wie Federn. Diese Nacht war eines meiner schönsten Erlebnisse. Natürlich wußte ich genau, daß unsere Romanze keine Zukunft hatte, doch ich lebte in dieser Nacht nur für den Augenblick.

Wir trafen uns noch öfter. Karl brachte mir Blumen, manchmal auch Schokolade. Wenn wir Lust hatten, gingen wir zusammen ins Kino. Karl gab mir das Gefühl, nicht mehr einsam zu sein. Da wir oft mit seinen Freunden zusammen waren, erlebte ich eine lustige und unterhaltsame Zeit.

Leider kamen bald seine Eltern hinter unser Verhältnis und wußten dann auch rasch Bescheid über meinen Beruf. Karl bekam große Schwierigkeiten. Seine Eltern sahen in unserem Verhältnis natürlich eine Gefahr für ihren Sohn und wollten das unter keinen Umständen tolerieren. Erst wollte Karl auf Biegen und Brechen bei mir bleiben. Nach einer Aussprache mit mir erkannte jedoch auch er, daß unsere Liebe keine Zukunft haben konnte. Ich wollte unter keinen Umständen seine Existenz gefährden. Aus Vernunftsgründen mußten wir unsere Liebe begraben. Wir trennten uns als gute Freunde.

Einige Jahre später hörte ich von einem gemeinsamen Bekannten, daß Karl seinen Doktortitel geschafft hatte. Darüber freute ich mich natürlich sehr, denn irgendwo in meinem Herzen stand er mir immer noch nahe.

Kurze Zeit nach der Trennung von Karl erhielt ich eine Gerichtsvorladung zu meiner Scheidung. Dieser Vorladung waren einige Besuche bei meinem Anwalt vorangegangen. Jules hatte seine Scheidungsklage auf meinem früheren Leben aufgebaut. Da ich ihm jedoch nie etwas verschwiegen hatte und er schon vor der Hochzeit Bescheid gewußt hatte, konnte er dies natürlich nicht geltend machen. Ich machte hingegen geltend, daß mein Mann bewußt auf meine Kosten gelebt hatte, und dies war jederzeit beweisbar. Zudem bestand ich darauf, daß alles in meinem Besitz verbleiben sollte. Ich war nicht gewillt, auch nur das Geringste an Jules abzutreten. Er hatte nie etwas für mich getan – sogar sein Hochzeitsgeschenk hatte er mich selbst bezahlen lassen.

Mein Anwalt schlug eine Scheidung wegen totaler Zerrüttung vor, und Jules hatte schließlich keine andere Wahl, als darauf einzugehen. Am 9. Januar war der Scheidungstermin. Vorher traf ich mich noch einmal mit meinem Anwalt in einem Café, um die definitive Klage zu besprechen.

Ich hatte mir ein elegantes Deux-pièces gekauft, dazu einen weißen Mantel mit einem Blaufuchskragen. Mein Anwalt machte mir ein Kompliment für mein gutes Aussehen. Das freute mich natürlich, denn ich wollte Jules beweisen, daß ich gut ohne ihn leben konnte.

Als ich mit meinem Anwalt das Gericht betrat, waren Jules und seine Anwältin bereits da. Sie musterte mich von

Kopf bis Fuß. Mir kam es vor, als hätte sie ein Monster erwartet.

Ich war sehr nervös. Wahrscheinlich geht es allen Frauen so, wenn sie einen Strich unter eine bittere Enttäuschung machen müssen. Am Anfang sieht alles immer anders aus. Als ich nun aber Jules nach so langer Zeit vor mir sah, konnte ich mich selbst nicht mehr begreifen. War ich blind gewesen, oder hatte mir einfach die Erfahrung gefehlt, die eine Frau normalerweise hat?

Endlich wurden wir in den Gerichtssaal gerufen. Hier war Endstation für den Traum, den ich noch vor einem Jahr gehabt hatte. Die Verhandlung dauerte nicht lange – nach zwanzig Minuten war ich eine geschiedene Frau.

Als ich das Gerichtsgebäude verließ, hatte ich doch wäßrige Augen. Mein Anwalt verabschiedete sich, und ich stand allein auf der Straße. Meine Illusionen hatten sich als trügerisch erwiesen. Das Leben ist nun mal kein Traum, sondern harte Realität.

Dann holte ich tief Luft, reckte mich und schritt einer neuen Zukunft entgegen.

NACHWORT

Natürlich war ich nach der Scheidung völlig durcheinander. War ich nicht selbst die Schuldige? Hatte ich nicht die Wahrheit einfach nicht sehen wollen?

Beherrscht vom Gedanken, das Leben einer normalen Ehefrau zu führen, hatte ich alles verdrängt, was nicht in meine Vorstellung davon paßte. Ich war zu sehr darauf bedacht gewesen, mich nicht der Kritik oder, noch schlimmer, dem Spott auszusetzen. Nichts konnte mich mehr verletzen als spitze Bemerkungen über mein Dasein als Frau.

Was andere Frauen von Geburt an leben konnten, mußte ich mit dreißig Jahren von Grund auf lernen. Abgesehen von der geistigen Veränderung, dem Sich-Umdenken in eine völlig andere Welt, belastete mich stets die Unsicherheit von Bewegung und Sprache. Das neue Leben stellte große Ansprüche an mich. Oft fühlte ich mich überfordert. Schon Kleinigkeiten konnten mich völlig aus der Fassung bringen und meine mühsam aufgebaute Selbstsicherheit mit einem Schlag in Frage stellen.

Die verzweifelten, mutlosen Momente wurden jedoch immer seltener. Mein Selbstvertrauen gewann immer mehr die Oberhand. Wäre der Wunsch, eine Frau zu sein, nicht stärker gewesen als alles andere in meinem Leben, hätte ich wohl nicht die Kraft gehabt, alles durchzustehen.

Auch heute sind noch längst nicht alle Probleme aus meinem Leben gebannt. Meine zunehmende Selbstsicherheit hilft mir jedoch, besser damit umzugehen. Vieles hat für mich an Bedeutung verloren. Ich habe heute zum Beispiel nicht mehr das Gefühl, als würden mir alle prüfend nachsehen. Das Leben als Frau wurde mir immer vertrauter. Die Zeit gab mir die Chance, aus meinem neuen Leben etwas zu machen – ich habe diese Chance vom ersten Moment an genutzt. Meinen Entschluß, eine Frau zu werden, habe ich keine Sekunde bereut, auch wenn mich dadurch das Leben manchmal hart angepackt hat.

Meine Erfahrungen haben mich abgehärtet und mich viel gelassener werden lassen. Eines macht mir allerdings heute noch Mühe, die soziale Unterordnung als Frau. Doch dies hat wenig mit meiner Lebensgeschichte zu tun, es ist vielmehr ein Problem unserer Gesellschaft. Nur wird es aufgrund meiner Lebensgeschichte für mich besonders deutlich spürbar.

Mein Leben ist viel ruhiger geworden. Ich muß mich nicht mehr dauernd als Frau bestätigen. Ich fühle mich als Frau und habe keine Zweifel mehr.

Ich lebe heute in meinem eigenen Haus, besorge den Haushalt und pflege den Garten. Mein Leben als Frau unterscheidet sich nicht von dem meiner Nachbarinnen.

Ich habe mein Ziel erreicht – das macht mich glücklich und stolz.

Dieses Buch zu schreiben war mir ein Bedürfnis. Es hat mir geholfen, meine Vergangenheit zu bewältigen. Ich hoffe, damit mehr Verständnis und Toleranz für diese Problematik vermitteln zu können.

Immer wieder liest man: »Sie war ein Mann!« Meist aufgemotzt als Sensation. Eine Sensation war mein Leben bestimmt nicht, eher eine Tragödie. Geboren in einem männlichen Körper, hatte ich stets die Gefühle und Gedanken einer Frau. Die operative Geschlechtsumwandlung bedeutete für mich eine Erlösung aus einem sehr unglücklichen Zustand. Endlich war ich auch körperlich eine Frau und konnte meine Wünsche offen zeigen und ausleben. Das unselige Versteckspiel hatte endlich ein Ende.

Ich sehe mich nicht als »umgebauten Mann«, sondern als eine operierte Frau. Ich bin weder krank noch dumm, ich denke und fühle wie jede andere Frau auch.

Ich danke meiner Freundin Marlies Anderle für ihre Unterstützung beim Abfassen dieses Buches.

Band 61363

Markus Commerçon

AIDS
Mein Weg ins Leben

Markus ist schwul, und er hat AIDS. In diesem Buch erzählt er von seiner Kindheit, dem jahrelangen Ringen um seine sexuelle Identität, von seiner Ausbildung zum Bäckermeister und von Wolfgang, seiner großen Liebe. Gemeinsam eröffnen die beiden in einer süddeutschen Kleinstadt ein Bäckereifachgeschäft und bauen ihr Traumhaus. Als Wolfgang an AIDS erkrankt, beginnt ein Versteckspiel, das beide sehr viel Kraft kostet. Nach dem Tod des Freundes verkauft Markus sein Geschäft und bricht sein Schweigen. Offen und direkt schildert er, wie die Krankheit sein Leben verändert hat, erzählt von Trauer, Wut und Mutlosigkeit, aber auch von Stärke, Kraft und den positiven Erfahrungen, die er gewonnen hat. Markus sagt: »Ich bin der festen Überzeugung: Könnte jeder AIDS-Kranke die Kraft, die er für das Versteckspiel aufbringt, für sich selbst verwenden, würde er länger leben.«

BASTEI LÜBBE